教育部人文社科课题研究成果

Derivation Finance
Accounting Institutional Supply
and Demand Mechanism Research

衍生金融工具会计制度供求机制研究

王丹舟　著

暨南大学出版社
JINAN UNIVERSITY PRESS
中国·广州

图书在版编目（CIP）数据

衍生金融工具会计制度供求机制研究／王丹舟著. —广州：暨南大学出版社，2010. 2
ISBN 978－7－81135－442－3

Ⅰ. ①衍…　Ⅱ. ①王…　Ⅲ. ①金融体系—金融会计—会计制度—研究—中国　Ⅳ. ①F832. 2

中国版本图书馆 CIP 数据核字(2010)第 006156 号

出版发行：暨南大学出版社

地　址：中国广州暨南大学
电　话：总编室（8620）85221601
　　　　营销部（8620）85225284　85228291　85220693（邮购）
传　真：（8620）85221583（办公室）　85223774（营销部）
邮　编：510630
网　址：http：//www. jnupress. com　http：//press. jnu. edu. cn

排　版：广州市天河星辰文化发展部照排中心
印　刷：佛山市浩文彩色印刷有限公司

开　本：890mm×1240mm　1/32
印　张：6. 875
字　数：191 千
版　次：2010 年 2 月第 1 版
印　次：2010 年 2 月第 1 次
印　数：1—2000 册

定　价：20. 00 元

（暨大版图书如有印装质量问题，请与出版社总编室联系调换）

目　录

绪　论

一、问题的提出和目的

改革开放以来，我国社会正在经历一次次政策制度的转变，而转变步伐之快、总体性之深刻，都是空前的。其中，资本市场作为资源配置的有效场所，发挥着前所未有的作用。特别是近年来，随着中国资本市场日益全球化，我国政府提出，在“十一五”建设期间，要加快金融体制改革，健全自我约束机制、风险调控机制和风险补偿机制；积极发展股票、债券等资本市场，稳步发展期货市场、衍生品市场等。在这样的宏观政策背景之下，如何健全完善原生金融工具、创新并发展衍生金融工具、积极防范市场风险、有效规范市场运作、完善市场功能、提高企业的直接融资比例等问题已经成为社会各界对资本市场研究的热门话题，在这样一个多层次的资本市场目标体系中，衍生金融工具的发展指标内含于金融体制改革之中。作为规范衍生金融工具会计行为、传导市场信息的衍生金融工具会计制度，如何才能有效地实现衍生金融财务信息的报告目标、满足广大投资者的信息需求、有效保护投资者的利益，是完善资本市场制度改革中的重要组成部分，是值得会计学界深入研究的课题之一。

会计制度作为资源配置和产权制度产生、传导信息的一种机制，作为宏观和微观管理的一种基础手段，无疑与整个社会政策制度的转变相适应，随着市场导向的变迁而变迁。在这个新旧交替的过程中，旧的制度体制尚未全部打破，新的制度体系也还未完全建立，许多制度供求现象带给我们疑惑，许多问题有待我们研究解决。具体来说，2006 年初，财政部推出了 38 项新的企业会计具体准则，其中有相当比例的内容与衍生金融工具会计制度相关，这在会计制度的供求变迁进程中是前所未有的。与衍生金融工具相关的会计准则，在现今我国会计规范体系的建设中占了相当重要的比重。为什么衍生金融工具会计制度会从无到有，从少到多？衍生金融工具会计制度的供给与需求与衍生金融市场的关系如何？回顾我国衍生金融的现状，虽然我国资本市场上存在个别的衍生产品，但衍生金融市场尚未形成，衍生金融市场尚处于研究开发的进程中，在衍生金融市场发展严重不足的金融经济背景下，衍生金融工具会计制度的大量供给无疑凸显制度“过剩”，导致制度因市场缺失而无法发挥作用，供给的制度处于“低效状态”，造成了衍生金融工具会计制度供求的失衡。笔者对企业进行问卷调查及对上市公司的数据进行分析的结果显示，权力机构将衍生金融工具会计制度进行强制供给，并没有真正反映社会利益群体或个体的需求，被动接受并应付反映的会计信息及因衍生品市场不足而无法反映的衍生金融工具会计信息是社会利益群体或个体的无奈选择。这些都不禁引起笔者的深刻思考：在我国，衍生金融工具会计制度的供求机制有什么特点？权力机构为什么要进行衍生金融工具会计制度强制性供给，在衍生金融市场发展严重不足的状态下谁需要衍生金融工具会计制度？衍生金融工具会计制度的供求变迁背后隐含着怎样深刻的理论和实践内涵？在我国经济快速发展的今天，在我国经济迅速全球化的今天，国外衍生金融工具会计制度的供求机制又有什么特点，与我国衍生金融工具会计制度的供求机制有什么不同，有什么可供借鉴之处？针对我国衍生金融工具会计制度供给后存在的制度供求不均衡、低效率状况，其问题根源何在？在我国构建和谐社会的大政方针指导下，衍生金融工具会计制度的供求机制如何改革才能满足社会利益群体对衍生金融工具会计信息的真正需求，才能在可持续发展的基础上提高衍生金融工具会计制度的供给效率，促进衍生金融工具会计制度的供求均衡有效地发展？这一切都是笔者思考并意欲解决的问题。

基于上述研究目的，本书对与衍生金融工具会计制度供求机制相关的研究文献进行了收集、归纳和整理：在西方有关衍生金融工具会计及制度经济学的研究文献中表明，原生金融工具和衍生金融工具已是全球资本市场的一部分，据世界交易所联合会最新数据显示，在全球十大交易所挂牌交易的股票总市值仅有60万亿美元，而全球衍生品市场的未平仓合约价值高达450万亿美元。由此可见，衍生金融市场规模远大于原生金融市场的发展规模，在资本市场中占有十分重要的位置。同时，衍生金融产品不断地推陈出新，金融市场的新工具带来了在瞬息万变的市场上进行套期保值和在市场变化中寻求获利机会的新方法。实际上，大多数衍生金融工具都通过在市场上众多参与者之间转移筹资风险而创造了这种机会。这已引起了许多人，特别是衍生金融工具及金融机构的管理者对现行衍生金融工具会计制度中会计计量和报告这些揭示风险等财务信息的充分性提出了质疑。在有关本论题的研究中，西方的权威机构和著名学者在研究著作中提出了如下的观点：①金融资本全球化意味着今天国际金融市场上资本流动规模大得多，跨国界交易的金融工具种类也多得多。但是不管怎么样，近几十年来所发生的趋势在某种意义上可以把我们带向未来（国际货币基金组织）。②制度经济学从新的视角来解释制度并检查制度变化的结果。21世纪将是新制度经济学繁荣发展的时代，它将对越来越多的引导经济事务的具体安排提出自己的真知灼见，并且为改变这些安排以增强经济效率提供理论基础（斯蒂格利茨）。③如果交易费用大于零，不论权利怎样安排，都能实现当事人的财富最大化。适当的机制能够主动达到帕累托最优……由于现实生活中存在交易费用，不同制度安排会产生不同的经济结果，因此需要寻求一种能够降低交易费用、实现当事人利益最大化的产权安排（科斯）。④制度是一系列社会规则，是用于约束人的行为、调整人与人之间的利益关系的。从总体上讲，制度相对稳定，但不是一成不变。它可能会出现修订和调整，或干脆被一种新的制度所取代，这就是制度的变迁……新制度经济学的目标是研究在制度演进的背景下，人们如何在现实世界中作出决定和这些决定是如何改变相关领域的世界的（诺斯）。⑤新制度经济学是应用现代微观经济学分析来研究制度和制度变迁的产物。它源自这样的命题，即理性选择（在具体的约束条件下）将创造和改变诸如产权结构、法律、契约、政府形式和管制这样一些制度。它们帮助创造这些制度和组织将提供激励成本或建立成本与收益，这些激励成本或成本与收益的关系在一定时期内将支配经济活动和经济增长（埃克伦德）。⑥公众对会计准则的兴趣不断扩张反映出权益资本市场的参与不断增加以及财务媒体对会计报道的覆盖面不断增加（泽夫）。⑦会计制度变迁就是需要制定一个国际均衡的会计规则以满足不断扩大的国际市场的需要（布坎南）。⑧财务报告质量不是由会计准则本身决定，而是由影响管理层和审计人员动机的经济和政治因素最终决定（Balletal），等等。在国外经济学者或会计学者对本书中有关衍生金融工具会计制度供求机制的相关论点进行研究考察中，我们不无遗憾地感到，现有的研究文献中多为宏观视角下的新制度经济学研究或纯会计领域的研究，即以会计论会计，针对衍生金融工具会计制度，主要研究集中在关于会计核算的确认、计量、记录和报告。对衍生金融工具会计制度供求机制的研究则很少涉及，特别是有针对性地运用新制度经济学的制度供求理论对衍生金融工具会计制度供求机制的合理性与有效性进行诠释研究的则少之又少。因此，缺少了对我国有关局限条件考察的西方制度经济与会计制度供求机制相结合的研究理论，导致对我国衍生金融工具会计制度供求机制研究的解释能力稍嫌不足。

从我国对本命题相关的研究进行考察，近十几年来，伴随着我国资本市场的建立以及市场经济的深化发展，我国不少著名的经济学家和会计学者对会计制度供求机制进行了研究，再结合我国经济全球化的发展现状，在理论研究上取得了一定的成果，现综述如下：①任何制度的变迁都可以用“需求和供给”这一经典的理论构架来进行分析（林毅夫）。②强制性变迁是由政府法令引起的变迁，诱致性变迁是自发性变迁（林毅夫）。③制度均衡就是人们对既定制度安排和制度结构的一种满足状态及满意状态，也即在制度上达到"帕累托最优"（卢现祥）。④我国市场深化固然受制度需求的影响，但在更大程度上受制于权力中心在既定的政治经济秩序下提供新的制度安排的能力和意愿（杨瑞龙）。⑤会计准则是资本市场发展到一定阶段的产物。会计准则理论研究成果又反作用于资本市场，对资本市场乃至整个金融市场起促进作用（王军）。⑥会计准则实际上是各个利益集团暂时接受的均衡点。会计准则的制定和选择的过程是一种制度安排的过程，是各个利益集团相互竞争的博弈过程……制度变迁理论在很大程度上解释了影响经济发展诸多因素中被人们长期忽略的制度因素。会计准则是一种制度，而且可以说是一种典型的产权制度。运用制度变迁理论，我们就可以解释为什么会出现会计制度的改革、为什么要制定会计准则，我们在制定或修订会计准则的过程中，应当注意不能为制定某个准则而制定某个准则、为修订某个会计准则而修订某个会计准则，而要认真研究是否需要制定或修订，制定或修订以规范会计实务的意义是积极的还是消极的（赵德武）。⑦行动集团发现制度不均衡及制度变迁的潜在收益而发起制度变迁，现有知识存量决定了制度变迁的选择方向，意识形态作为一种有效的装置能节省制度变迁的成本（刘峰）。⑧中国资本市场从国内资本逐步演化为国际资本，是世界经济全球化在金融领域的具体表现，金融资本的国际化有赖于金融市场、金融机构、金融工具、金融制度的国际化等一系列因素的制约（钟伟）。⑨在实证考察上，由于衍生金融工具会计制度并未得到实质性的应用，因此，有关该方面的文献综述几乎没有，但在借鉴其他会计制度的应用方面，曲晓辉、邱月华以 1995—2004 年深沪两市全部 A 股上市公司为研究样本，考察会计制度的强制性变迁是否显著提高中国上市公司会计盈余的稳健性，研究结果显示，1995—1997 年上市公司会计盈余不具有稳健性，意在提高上市公司稳健性水平的《股份有限公司会计制度》的实施并未实质性增强1998—2002年会计盈余的稳健性水平。研究结果表明：单纯转变会计准则并不能改善会计信息质量，除非附以相配套的强有力的法律和执行机制等。在对国内学者提出的与本书研究论点相关的文献资料考察中，本书发现国内不少知名的学者就制度供求以及会计制度供求变迁问题，已在一定程度上进行了不同视角的研究。但作为会计制度供求体系中的一个重要分支——衍生金融工具会计制度供求机制，结合我国衍生金融建设发展的特殊状况，将两者有机结合进行的分析在会计领域尚处于空白状态，值得进一步研究。

因此，本书尝试性地采用新制度经济学的制度供求理论在资本市场全球化背景下，特别是在我国股指期货酝酿推出的关键时期，对衍生金融工具会计制度供求机制问题进行探索性研究，勇于跳出就会计研究会计的圈子，从新制度经济学的视角，较深层次地对衍生金融工具会计制度供求机制进行深刻的制度经济学分析和研究，针对我国衍生金融工具会计制度供求的现实状况及衍生金融工具会计制度供给后存在的问题进行成因分析，揭示衍生金融工具会计制度供求失衡的问题实质与症结根源，指出权力机构主导下的强制性制度供给的利弊所在，提出改革和完善衍生金融工具会计制度供求机制的对策建议。

二、研究意义

1. 研究的理论意义

现代资本市场的重要理论基础之一是制度供求理论，但从全球化资本市场发展的进程来看，由于资本市场是典型的非对称信息市场，信息供求非对称均衡状态是时有存在的，而会计制度作为资本市场信息显现的重要信号灯，制度供求的不均衡是制衡资本市场有序发展的重要因素之一。作为调控资本市场、防范金融风险的衍生金融工具，会计制度供求的不均衡则会导致衍生金融交易成本的增加。鉴于衍生金融工具在资本市场未来的发展中的发展前景及其特有的重要性，衍生金融工具会计制度供求机制的失衡和低效不仅会影响衍生金融工具的创新，而且会影响衍生金融市场的正常发展。有关研究表明，制度供求机制的不均衡会影响经济发展，而经济发展的不均衡与一个国家的整体经济发展水平具有某种相关性；也就是说，制度供求质量水平越低，经济发展不均衡的现象表现得越为突出，随着制度的不断完善和制度供求质量水平的不断提高，经济发展不均衡的现象将会逐渐缩小。总结制度供求理论的研究，传统的主流经济学并没有给予足够的重视；也就是说，传统的价格理论无法很好地解释制度供求的本质现象。20 世纪 60 年代西方兴起的新制度经济学使这一领域的研究得到了深入的发展，特别是对国家经济发展政策的选择提出了很多建议和理论阐述。一般认为，经济改革的一个主要特征是各种经济变量的迅速变迁，这一特征体现在衍生金融工具的结构和制度上。具体表现为两个内涵：一是整个国家层面上金融工具结构的变迁，从原生金融工具向衍生金融工具拓展，衍生金融工具的总量、结构不同，且配置方式种类繁多，各不相同；二是与金融工具相配套的制度发生相应的变迁，表现在会计领域，必然导致原生金融工具会计制度向衍生金融工具会计制度的转变。因此，衍生金融工具会计制度供求机制的研究不仅弥补了会计制度研究领域的理论空白，而且对于丰富衍生金融工具的理论内容具有十分重要的理论意义。

2. 研究的实践意义

通过对我国会计制度变迁的历史考察不难发现，无论是计划经济时期还是转型经济时期，衍生金融工具会计都不是会计制度的规范内容。由于没有衍生金融产品的推出，没有衍生金融市场的存在，我国传统会计制度一般仅就原生金融工具进行一般性的会计核算规范，且由于我国资本市场起步时间晚，资本市场建设的不完善性以及存在的问题，市场在相当长一段时期内处于不能健康发展的态势，导致原生金融工具的信息也不是会计规范的重点，制度约束长期处于弱势地位。进入 21 世纪后，随着中国加入 WTO，我国政府经过充分的准备和酝酿，对资本市场进行了大规模的股权分置改革，从而较好地解决了资本市场长期存在的同股不同酬问题，使影响资本市场的定价功能得以正常发挥，更重要的是资本市场的优化资源的配置功能逐步增强。从此，我国的综合国力得以不断加强，市场经济得以迅猛发展，国家资本流动日益全球化，这一切不仅给我国带来了巨大的经济收益，而且也引领着世界经济不断向前发展。据国家统计局资料显示，近五年我国国内生产总值一直保持高速增长的发展态势：2004 年实现 GDP 136 515 亿元，增长率为 10.1%；2005 年实现 GDP 186 280 亿元，增长率为 10.4%；2006 年实现 GDP 209 407 亿元，增长率为 11.1%；2007 年实现 GDP 246 619 亿元，增长率高达 11.4%；2008 年尽管遭受金融海啸，仍实现 GDP 300 670 亿元，增长率高达 11.5%，仍然保持较好的发展趋势。同时，由于我国经济全球化进程不断加快，中国经济已跃居世界前列，据美国《华尔街日报》的报道，2008 年中国超过德国成为继美国和日本之后的世界第三经济大国。另据国际货币基金组织（IMF）2007 年称，中国如果能保持如此的经济增幅，中国 GDP 在未来 10 年内将超过日本。这一切无疑是令人欣喜的，它不仅验证了我国资本市场的全球化发展为我国经济发展带来的巨大收益，也预示了未来我国经济良好的发展前景，预示着我国对世界经济的未来发展贡献。然而，我们也必须保持清醒的头脑，我们应该清醒地认识，在我国资本市场发展带动经济获得巨大收益的背后，也存在着潜在的巨大风险。看看西方金融市场的现实吧，自 20 世纪 90 年代以来，以美国为首的西方衍生金融工具市场迅速发展，各种衍生金融工具层出不穷，给国际金融市场注入了生机。然而，金融衍生市场又是瞬息万变的，如果控制不好，就会给国家、企业带来巨大的损失。前看英国巴林银行倒闭、美国安然事件爆发、法国里昂信贷银行出现巨额坏账而亏损、日本三菱银行与东京银行的合并，近看 2008 年初法国兴业银行因投资金融衍生产品失败而面临的倒闭危机，以及美国次贷危机引发的金融海啸，这一连串的金融危机背后都与迅猛发展的衍生金融工具存在着直接或间接关系。它说明由衍生金融工具带来的套期、套利和保值等行为已成为影响金融市场的重大因素，其潜在的风险将会影响整个金融业的安全和稳定，不仅如此，一国衍生金融工具市场风险的发生又必然引发并加剧全球资本市场的动荡，最终可能导致全球经济的衰退。因此，如何防范资本市场出现的风险，特别是防范金融市场风险，是我们必须面对的重要问题。现在，越来越多的机构和个人通过研究西方发达国家的经济增长过程中防范风险的做法，意识到通过使用衍生金融工具在资本市场上对金融产品进行套期保值，可以降低交易成本，达到防范风险的目的。

因此，面对全球资本市场上不断创新的衍生金融产品和不断发展的衍生金融市场，反观我国发展严重不足的衍生金融市场、供过于求的制度现象、供求失衡的制度实质，这一切不仅会影响衍生金融工具会计信息的真实性和可靠性，对我国衍生金融工具会计制度的改革不利，而且会影响衍生金融工具的创新和衍生金融市场的正常发展，最终使经济资源不能达到帕累托最优。如果说对于衍生金融产品供求的经济现象是好是坏的评价属于价值判断的范畴，那么，对于衍生金融工具会计制度的供求以及制度供求机制不均衡的现象解释则属于新制度经济学的范畴。因此，在没有什么部门比资本市场对促进经济更为重要的现代市场经济中，本书预期本命题研究对我国进一步改革和完善衍生金融工具会计制度供求机制，预测衍生金融工具会计制度供求的变迁路径，有效降低衍生金融工具会计制度供求的交易成本，提高衍生金融工具会计制度的供求效率，在我国资本市场深化改革发展的进程中，特别是衍生金融市场的建设进程中，积极促进衍生金融以及衍生金融工具会计制度的创新与发展，真正实现衍生金融工具会计制度供求机制的均衡有效，都具有十分深远的现实意义。

三、研究的内容和创新

从结构上看，全书共分为七个部分，各部分主要研究内容分别为：

第一部分：衍生金融工具会计制度供求机制研究的理论框架。在这部分中，首先从金融视角和会计视角对衍生金融工具的内涵进行了分析，从新制度经济学的视角划分了狭义会计制度和广义会计制度，界定了本书命题的制度是基于广义会计制度的内涵基础，梳理了制度、经济增长与制度供求安排的关系；同时阐述了制度供求机制的理论模式；通过借鉴新制度经济学关于制度供求的研究假设，尝试性地提出了衍生金融工具会计制度供求机制的研究假设并构建了衍生金融工具会计制度供求机制的研究分析框架，以期为后续的研究提供较为充分的理论支撑。

第二部分：衍生金融工具会计制度供求的国外实践。在这部分中，主要对以美国为代表的国外衍生金融工具会计制度供求机制进行分析。具体分析了衍生金融工具会计制度的供求背景、供求动因、供求路径，以寻求国外衍生金融工具会计制度供求机制的特点和变迁路径，尝试性地找出国外衍生金融工具会计制度供求机制均衡有效的成功经验和可供借鉴的规律性。

第三部分：衍生金融工具会计制度供求机制的国内应用。运用比较分析法对国内衍生金融工具会计制度供求机制的环境因素进行系统的分析，以案例回放方式对衍生金融工具会计制度供求的诱因进行研究，揭示我国在现阶段进行衍生金融工具会计制度形式供给的战略选择，并进行结果展示。通过中外衍生金融工具会计制度供求机制的比较分析指出两者存在的差异。

第四部分：衍生金融工具会计制度供求的成本收益分析。本部分较为全面地对衍生金融工具会计制度供求的成本收益进行了阐述并运用数理工具从量化的视角对衍生金融工具会计制度供求进行了收益成本分析。

第五部分：衍生金融工具会计制度应用状况调查与深层思考。在这部分中，主要对权力机构出于战略需求而供给的衍生金融工具会计制度在资本市场中的社会利益群体对制度的应用状况进行调查，通过问卷调查、访谈、上市公司的网上数据分析等实证研究方式，对衍生金融工具会计制度的应用状况作统计性描述，分析衍生金融工具会计制度形式供给后存在的主要问题，突出表现为衍生金融工具会计制度供求的不均衡。针对衍生金融工具会计制度供求机制存在的问题，运用新制度经济学对所存在的问题进行深刻剖析，找出问题的成因与根源。

第六部分：衍生金融工具会计制度供求结论与制度安排创新。本部分主要在对前述衍生金融工具会计制度机制研究进行总结的基础上，对金融危机爆发带来的一系列全球经济问题，尝试用事实说明衍生金融工具会计制度供求机制存在的问题，并通过制度创新理论的引入，说明衍生金融工具会计制度供求中制度创新的重要性。

第七部分：构建基于科学发展观的衍生金融工具会计制度供求机制。本部分借鉴金融危机带来的惨痛教训，结合新时期我国资本市场，特别是衍生金融市场的建设要求，基于科学发展观视角提出我国应构建均衡和谐的衍生金融工具会计制度供求机制，以促进提高衍生金融工具会计信息的相关性和可靠性，以利于广大投资者进行正确有用的决策选择，切实提高衍生金融工具会计制度的供求效率。

本书在考察和借鉴国内外关于衍生金融工具会计制度供求研究的基础上，运用制度供求与变迁理论，秉承新制度经济学的学术研究范式，将宏观分析与微观分析、状态描述与数理分析、理论研究与历史考察相结合，力求构建资本市场全球化视角下衍生金融工具会计制度的供求机制研究的理论分析框架，并以此解释我国会计改革中出现的衍生金融工具会计制度的供求不均衡的现象，进而针对存在的问题进行深层次的制度经济学分析，最后提出相关的改革建议，以期为我国提供有关衍生金融工具会计制度供求机制决策的理论选择，扎实地推进衍生金融工具会计制度改革理论和实践的发展。具体来说，本命题尝试在以下方面形成特色，实现创新：

第一，尝试性地构建衍生金融工具会计制度供求机制的理论分析框架。界定了金融视角和会计视角的衍生金融工具内涵，分析了制度、会计制度与经济增长的关系，阐述了制度供求机制的理论模式。在此基础上，运用新制度经济学的制度供求理论，提出了衍生金融工具会计制度供求机制研究的基本假设，构建了衍生金融工具会计制度供求机制的分析框架，这不仅为本研究也为后续研究者提供了新的视角和分析框架。

第二，比较研究了国内外衍生金融工具会计制度供求机制的成因及供求路径。研究发现，以美国为代表的西方国家，由于衍生金融工具和市场的繁荣，衍生金融工具会计制度表现为一种“实质需求的诱致性供给”，制度的供给和制度的需求达到一致；而在我国，由于衍生金融工具会计制度是基于经济全球化下，为加快我国经济发展的步伐，在国际上争取会计话语权，以配合国家实现政治目标需求的战略供给选择，因此，衍生金融工具会计制度是权力机构主导下的强制性供给。

第三，运用问卷调查方法实证研究了我国衍生金融工具会计制度的应用状况。研究发现，衍生金融工具会计制度的战略供给与实质需求并不一致，对比国外衍生金融市场的发展状况，我国目前存在现实衍生金融市场的发展不足导致社会利益群体对衍生金融工具会计制度的需求缺乏，从而造成衍生金融工具会计制度供给与现实需求的不均衡；同时发现在多种会计制度并存的结构体制下，存在衍生金融工具会计制度规范结构的不均衡和由于社会利益群体对制度的认知滞后带来的认知不均衡；并实证检验了我国衍生金融工具会计制度存在“供过于求”的情况，并对个中原因进行深刻剖析，找出衍生金融工具会计制度供求机制存在问题的根源。

第四，结合我国资本市场发展的现状及衍生金融市场的未来发展趋势，提出了改革与完善衍生金融工具会计制度供求机制的政策建议，重点提出了基于科学发展观建立均衡和谐的衍生金融工具会计制度供求机制，以持续有效地推进我国衍生金融工具会计制度供求机制的改革和发展。

会计理论研究从经济学中来，又回归到经济学中去。著名经济学家博尔丁说，会计学和经济学是一对非同族的孪生儿，两者都以经济活动作为研究的原始资料，但它们按不同的方式对经济活动进行探讨研究（新帕尔格雷夫经济学大辞典，1992）。衍生金融工具会计制度供求机制研究正是将会计学与新制度经济学以及在金融领域处于前沿地位的衍生金融工具有机结合进行的研究，从这个视角出发，本研究命题所进行的跨学科研究具有一定的原创性，是本命题研究视角的最大创新点，并值得将该研究进一步推进。

第一章　衍生金融工具会计制度供求机制研究的理论框架

第一节　衍生金融工具的内涵分析

一、衍生金融工具的界定

（一）金融视角衍生金融工具概述

20 世纪 70 年代，布雷顿森林体系解体，世界性石油危机爆发，国际金融市场上出现了利率和汇率的剧烈波动，任何持有货币的机构和个人都面临着因汇率变动而造成损失的风险，整个西方世界随之产生了规避风险的强大需求。由于宏观经济环境的变化，金融机构旧有的产品和服务已失去市场，市场风险难以通过传统的金融业务本身来规避，金融工具的创新迫在眉睫。与此同时，现代通信、计算机及网络技术飞速发展，货币主义学说和新古典主义经济学说相继成为西方国家经济学说流派，这在一定程度上从技术和理论角度有力地刺激了金融创新。在这种情况下，以自由竞争和金融自由化为基调的金融创新的浪潮开始席卷整个西方世界，形形色色的金融创新业务、新产品、新机构风起云涌，金融市场总量和金融市场结构在发生着巨大的变化。作为新兴的风险管理的重要手段，以金融远期等为主体的衍生金融工具应运而生。事实上，衍生金融工具形式上表现为一种载明买卖双方同意的交易品种、价格、数量、交割时间及地点的合约，正如国际互换和衍生协会（International Swaps and Derivatives Association, ISDA）在 1994 年 8 月的一份报告中对衍生金融品所作的如下描述："衍生金融品是有关互换现金流量和旨在为交易者转移风险的双边合约。合约到期时，交易者所欠对方的金额由基础商品、证券或指数的价格决定。"目前，在西方较为流行的衍生金融工具合约除前述的金融远期外，还有金融期货、金融期权和金融互换等几种类型，其他任何复杂的合约都是以此为基础演化而来的。其中：

（1）金融远期（forwards）合约。金融远期合约是相对较简单的一种衍生金融工具。它是合约双方约定在未来某一日期按约定的价格买卖约定数量的金融工具。远期合约通常是在两个金融机构之间或金融机构与其客户之间签署的且交易一般不在交易所内进行而是在场外进行的衍生金融品。目前，在作为衍生金融工具的远期合约中，最常见的是远期外汇合约。一般来说，在远期合约的有效期内，合约的价值是随相关资产市场价格的波动而变化的。若合约到期时以现金进行结清：当市场价格高于合约约定的执行价格时，应由卖方向买方支付价差金额；当市场价格低于合约约定的执行价格时，则由买方向卖方支付价差金额。按照这样一种交易方式，远期合约的买卖双方可能形成的收益或损失都是"无限大"的。金融远期合约按目的的不同可分为投资、套期保值和投机三大类。它具有以下特征：①按交易者的需要制定合约的规模和内容，而非标准化合约。②远期合约代表了货币或其他商品的现货交付，绝大部分（90% 以上）最终要进行实物交割，"投机"概率大大减少，"以小搏大"的可能性被降至最低。③远期合约一般由买卖双方直接签订，或者通过中间商签约。合约签约后，要冲销原合约，除非与原交易者重新签订合约或协议且写明撤销原合约。因此，合约本身具有不可交易性，合约流动性较小。④金融远期主要在银行之间或银行与企业之间进行，不存在统一的结算机构，价格无日波动的限制，只受普通合约法和税法的约束，因此无须支付保证金，等等。见图 1 - 1。

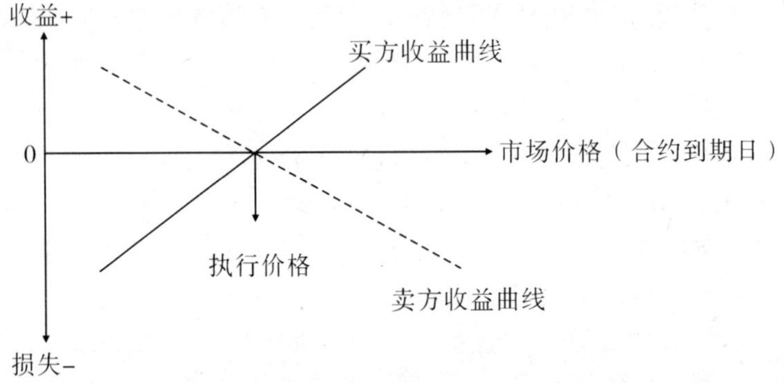

图 1－1　远期合约的收益/损失图示

（2）金融期货（futures）合约。金融期货合约与远期合约十分相似，它也是交易双方按约定价格在未来某一期间完成特定资产交易行为的一种方式，其收益曲线也与远期合约一致。与远期合约相比，期货合约的交易是在有组织的交易所内完成的，合约的内容，如相关资产的种类、数量、价格、交割时间、交割地点等，都有标准化的特点。比较起来，期货合约交易更规范化，也更便于管理。

无论是金融远期合约还是金融期货合约，都为交易人提供了一种避免因一段时期内价格波动带来风险的工具；同时也为投机人利用价格波动取得投机收入提供了手段。随着远期合约交易的产生和发展，17 世纪以后，标准化的合约开始出现，并逐渐形成了完整的结算系统。进入 20 世纪 70 年代，金融市场的动荡和风险升温催生出金融期货，如利率期货、外汇期货、股票价格指数期货等。

（3）金融期权（options）合约。金融期权合约主要是期权的买方有权在约定的时间或约定的时期内，按照约定的价格买进或卖出一定数量的某种金融商品（如股票、外币、债券）或金融期货合约（如外币期货合约、股票指数期货合约）的权利，也可以根据需要放弃行使这一权利。为了取得这样一种权利，期权合约的买方必须向卖方支付一定数额的费用，即期权费（option premium）。按照相关资产的不同，金融期权分为外汇期权、利率期权、股票期权、股票价格指数期权等。

期权按照相关合约的买进和卖出性质划分，可分为看涨期权（call option）、看跌期权（put option）和双向期权等基本类型。其中，看涨期权又称"多头期权"，看涨期权的买方有权在某一确定的时间以确定的价格购买相关资产，但不负担必须买进的义务；而看跌期权又称"空头期权"，看跌期权的买方则有权在某一确定的时间以确定的价格出售相关资产，但不负担必须卖出的义务；双向期权又称"双重期权"，是期权购买方向期权卖方支付一定的权利金后，获得在未来一定期限内根据合同约定的价格买进或卖出商品、期货的权利。期权按照期权行权方式来划分，又分为美式期权和欧式期权。按照美式期权，期权买方可以在期权的有效期内任何时间行使权利或者放弃行使权利；按照欧式期权，期权买方只可以在合约到期时行使权利。若考虑期权买方拥有更大的选择空间，期权交易一般采用美式期权；若考虑期权买方能获得本少利大的特点，则欧式期权较多地被采用。

在衍生金融工具市场上，期权具有巨大的独特魅力，其突出特点在于可以使期权买方将风险锁定在一定范围之内。因此，期权是一种有助于规避风险的理想工具。当然，它也是投机者理想的操作手段。如果不考虑买卖相关资产时的佣金等费用支出，对于看涨期权的买方来说，当市场价格高于执行价格时，他会行使买的权利，取得收益；当市场价格低于执行价格时，他会放弃行使权利，所亏损的仅限于期权费。对于看跌期权的买方来说，当市场价格低于执行价格时，他会行使卖的权利，取得收益；反之则放弃行使权利，所亏损的也仅限于期权费。因此，期权对于买方来说，可以实现有限的损失和无限的收益。见图 1－2 和图 1－3。

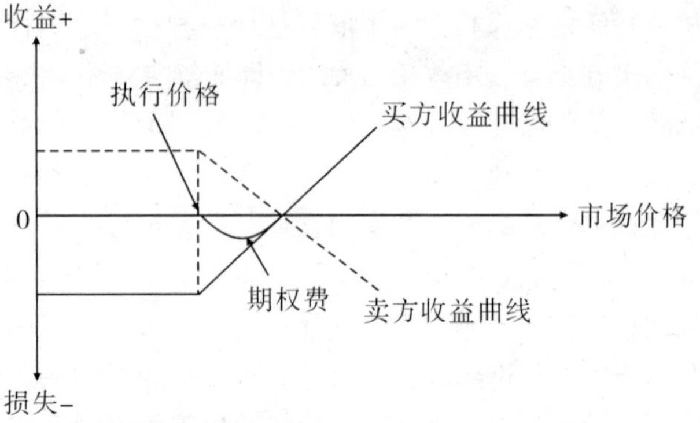

图1－2　看涨期权的收益/损失图示

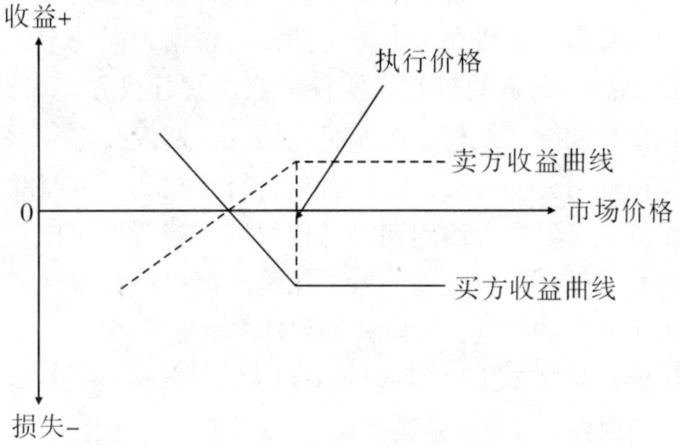

图1－3　看跌期权的收益/损失图示

（4）金融互换（swaps）。金融互换也叫“金融掉期”，是交易双方约定在合约有效期内，以事先确定的名义本金额为依据，按约定的支付率（如利率、股票指数收益率等）相互交换支付的约定。以最常见的利率互换为例，设确定的名义本金额为1亿元，约定：一方按期根据以本金额和某一固定利率计算的金额向对方支付，另一方按期根据以本金额和浮动利率计算的金额向对方支付。当然，实际只支付差额。金融互换合约在一定意义上表现为一系列远期合约的组合。当组合日趋复杂化，金融互换新品种则不断出现，较典型的是交叉货币利率互换。

另外，衍生金融工具按照赖以生存的原生金融资产进行分类，还可以分为货币或汇率衍生金融工具、利率衍生金融工具、股票衍生金融工具。其中，货币或汇率衍生金融工具包括远期外汇合约、外汇期货、外汇期权、货币互换等；利率衍生金融工具包括短期利率期货、债券期货、债券期权、利率互换、利率互换期权、远期利率协议等；股票衍生金融工具包括股票期权、股票价格指数期权、股票价格指数期货、认股权证、可转换债券等。

衍生金融工具的发展经过由简单到复杂的演变过程，目前已发展成融一般衍生金融工具、混合衍生金融工具和复杂衍生金融工具为一体的庞大衍生金融工具体系。其中混合衍生金融工具和复杂衍生金融工具是以一般衍生金融工具为基础改造组合而成的新工具，是衍生金融工具的衍生物，主要包括期货期权、互换期权、复合期权、特种期权等。

（二）会计视角衍生金融工具内涵

为了规避因外汇汇率、利率、商品和股票价格日趋多变而导致的风险，金融服务行业根据政策环境和市场环境提供了大量的衍生金融产品，包括货币掉期、利率掉期和期权等，这些衍生金融工具发展非常迅速。由于衍生金融工具推出后，在相当长的时期内，大多数衍生金融产品在作为投资信息分析时，被当做资产负债的表外项目，使得这些衍生金融工具包含的真正风险往往被掩盖了。因此，为了更好地揭示衍生金融工具的内在风险，以美国为代表的世界上各大公司的财务人员和财务规则制定者们尝试推出了很多新颖的、富有差异的手段，出台了关于衍生金融工具的会计确认、会计计量和会计报告的相关准则。

在准则制定出台的过程中，尽管衍生金融工具的种类繁多，彼此的性质各不相同，但它们仍有某些基本的共性。国际会计准则委员会（IASC）和美国财务会计准则委员会（FASB）正是根据这些共性，分别对金融工具和衍生金融工具给予如下定义。

1. 美国财务会计准则（FAS）

美国财务会计准则公告 SFAS133 号认为①，一项金融工具可定义为现金、一个主体权益的证据或者是一项合同，其双方：要求一个主体承担下列约定的义务：交付现金或其他金融工具给另一个主体，或在潜在不利的情况下与另一个主体交换其他金融工具；或给予另一个主体约定的权利：从前述主体收取现金或其他金融工具，或在潜在有利的情况下与前述主体交换其他金融工具。

同时，美国财务会计准则委员会在 SFAS133 中对衍生工具的定义是衍生工具是具有以下三个特征的金融工具或其他合同：

（1）该合同具有一项或多项“标的”、一项或多项“名义金额”或支付条款，或两者兼有。那些条件决定结算的金额，并在一些情况下决定是否需要进行结算。

（2）该合同不需要初始净投资，或者它要求的初始净投资与那些预期对市场条件具有类似反应的其他合同相比要少。

（3）该合同条款要求或允许以净额结算，合同可以容易地通过合同以外的方式以净额结算，也可以通过交割资产结算，且这种交割资产的结算方式对于资产受让人而言，无异于以净额结算。

2. 国际会计准则（IAS）

国际会计准则委员会则在国际会计准则②第 39 号中对金融工具和衍生金融工具做了如下定义：金融工具是形成一个企业金融资产并形成另一个企业金融负债或权益性工具的合同，而衍生金融工具则是具有以下特征的金融工具：

（1）其价值随特定利润、证券价格、商品价格、汇率、价格或利率指数、信用等级或信用指数，或其他变量（有时称为“标的”）的变动而变动；

① Financial Accounting Standards Board（FASB）. Statement of Financial Accounting Concept No. 133

② International Accounting Standards Committed（IASC）. International Accounting Standards No. 39

（2）不要求初始净投资，或与市场条件变动有类似反应的其他类型合同相比，要求很少的初始净投资；

（3）在未来某一日期结算。

由上述定义不难看出，无论是美国财务会计准则委员会还是国际会计准则委员会都尝试性地制定了一个适用于所有金融工具，包括原生金融工具和衍生金融工具的最一般性的会计原则，以适应衍生金融工具种类不断翻新的势头。

3. 中国会计准则（CAS）

我国财政部于 2006 年 2 月 15 日颁布了 38 项企业会计具体准则[①]，其中第 22 号准则规定：金融工具是指形成一个企业的金融资产，并形成其他单位的金融负债或权益工具的合同。从广泛意义上说，金融工具分为原生金融工具和衍生金融工具，其中原生金融工具是在实际信用活动中出具的能证明债权债务关系或所有权关系的合法凭证，主要有商业票据、债券等债权债务凭证和股票、基金等所有权凭证。原生金融工具是金融市场上使用最广泛的工具，也是衍生金融工具赖以生存的基础。而衍生金融工具则是在准则中涉及的、具有下列特征的金融工具或其他合同：

（1）其价值随特定利率、金融工具价格、商品价格、汇率、价格指数、费率指数、信用等级、信用指数或其他类似变量的变动而变动；变量为非金融变量的，该变量与合同的任何一方不存在特定关系。

众所周知，衍生工具的价值变动取决于标的变量的变化。例如，人民币债券远期合同的价值变化主要取决于人民币基准利率的变化。衍生工具的结算金额，也往往通过标的变量作用于衍生工具的名义金额来确定。其中，衍生工具的“名义金额”既指一定数量的货币金额，也可能指一定数量的股份，还可能指衍生工具合同所约定的一定数量的其他项目。衍生工具的结算金额也可

① 本部分根据《企业会计准则 2006》、《企业会计准则应用指南 2006》、《企业会计准则讲解 2008》中关于衍生金融工具会计制度的规范内容归纳整理。

能不需要通过名义金额确定，而是通过合同中明确的结算条款确定。例如，某衍生工具要求合同的一方在6个月期的LIBOR（即伦敦银行同业贷款利率）上涨幅度超过100点时支付另一方1 000万元，就属于此种情形。

（2）不要求初始净投资，或与对市场情况变化有类似反应的其他类型合同相比，要求很少的初始净投资。

企业从事衍生工具交易不要求初始净投资，通常签订某项衍生工具合同时不需要支付现金或现金等价物。例如，某企业与其他企业签订一项将来买入债券的远期合同，就不需要在签订合同时支付将来购买债券所需的现金。但是，不要求初始净投资并不排除企业按照合约要求缴纳一定的保证金。缴纳保证金不构成一项企业解除负债的现时支付，因为保证金仅具有“保证”性质。

在某些情况下，企业从事衍生工具交易也会遇到要求进行现金支付的情况，但该现金支付只是相对很少的初始净投资。例如，从市场上购入备兑认股权证，就需要先支付一笔款项。但相对于行权时购入相应股份所需支付的款项，此项支付往往是很少的。又如，企业进行货币互换时，通常需要在合同签订时支付某种货币表示的一笔款项，但同时也会收到以另一种货币表示的“等值”的一笔款项，无论是从该企业的角度还是从其对手（合同的另一方）的角度看，初始净投资均为零。

（3）在未来某一日期按该合同条款要求或净额结算。衍生金融工具在未来某一日期结算，表明衍生工具结算需要经历一段特定期间。但是，“在某一日期结算”不能理解为只在未来某一日期进行一次结算。例如，利率互换可能涉及合同到期前多个结算日期。另外，有些期权可能由于是价外期权而到期不行权，这也是在未来某一日期结算的一种方式。

需要指出的是，如买卖非金融项目的合同，根据企业预期购买、出售或使用要求，以获取或交付非金融项目为目的而签订，那么此类合同不符合衍生工具的定义。但是，当此类合同可以通过现金或其他金融工具净额结算或通过交换金融工具结算；或者合同中的非金融项目可以方便地转换为现金时，这些合同应当比照衍生金融工具进行会计处理。例如，可以采用现金净额方式进行结算的商品期货合约。

通过上述比较，我们可以清楚地发现，我国对金融工具，包括原生金融工具和衍生金融工具，在相关会计制度的内涵定义上，其表述与国际会计准则，特别是美国财务会计准则委员会颁布的关于衍生金融工具的会计制度几乎是一致的。

二、衍生金融工具的特点

从衍生金融工具的发展来看，衍生金融工具的最大特点就是高收益、高风险，它具有以下突出特性：

（1）高杠杆性。衍生金融工具最大的特点就是以小搏大的高杠杆效应，即以较少的资金成本取得较多的投资，以提高投资收益，具有“四两拨千斤”的妙处。衍生金融工具一般以原生金融工具的价格为基础，交易时不必缴清相当于相关资产的全部价值，只要缴存一定比例的押金或保证金，便可得到相关资产的管理权，到一定时期对已交易的衍生金融工具进行反方向交易，进行差价结算。这种“以小搏大”的交易方式可能给交易者带来高收入，也可能带来巨额损失。

（2）特有的虚拟性。衍生金融工具突出的特点是符号经济取代实体经济，具有特定的虚拟性。具体表现为除证券所具有的独立于现实资本运动之外，也能给证券持有者带来一定收入的特性。具有虚拟性特征的衍生金融工具，其价格变化脱离了实物运动过程，一旦形成，必然会导致一部分货币资本停留在这种能够生息的有价证券之上，以获得风险利润的管理权。衍生金融工具的虚拟性所产生的市场后果是，金融创新市场的规模大大超过原生金融市场的规模，甚至远远地脱离原生金融市场。

（3）风险的调控性。衍生金融工具是当今金融市场上重要的风险管理工具。在资本市场上，衍生金融工具所面临的市场风险包括外汇风险、利率风险和其他价格风险。其中，外汇风险是金融工具的公允价值或未来现金流量因外汇汇率变动而发生波动的风险；利率风险是金融工具的公允价值或未来现金流量因市场利率变动而发生波动的风险；而其他价格风险则是外汇风险和利率风险以外的市场风险。这些风险是由于衍生金融工具的公允价值或未来现金流量因市场价格变动会发生波动而带来的风险。事实上，衍生金融工具创新所带来的风险不仅表现为衍生金融工具的交易风险，而且表现为金融机构面临着未曾经历过的一些经营风险。具体表现为：①利率风险的增加。在金融自由化与创新过程中，金融机构的负债结构发生变化，“固定利率负债”比例不断下降，“变动利率负债”比例不断上升，从而使金融机构的利率敏感性提高。当金融资产与负债的利率敏感性都大幅度上升时，金融机构就将自己置于利率多变的风险之中。②负债的增加。金融创新使金融机构所经营的业务范围扩大，许多新兴的表外业务不断出现。表外业务使银行等金融机构减轻了资本需求量的压力，但却增加了它们的负债。稍一疏忽便会使金融机构从中介人变为债务人，金融机构因此处于非常尴尬的地位。如果正赶上市场资金紧缺，它还会使银行等面临流动性风险，使它们的信誉度遭到破坏，导致银行等的经营更加困难。③清偿力风险的提高。20 世纪 70 年代以后，由于直接投资的兴起和“脱媒”危机的发生，廉价资金来源减少，银行等一些金融机构的资金成本上升。竞争又引起银行等机构的利息收入下降，服务成本支出增加；银行等金融机构的边际利润率下降，使得它们的资本积累放慢。这些无不对它们的清偿力构成威胁，一旦金融机构没有足够的清偿力应付客户提存，其生存危机就会变成现实。

（4）复杂性和高技术性。为了有效规避风险，衍生金融工具运用了大量高端的数理定价模型，由于采用多种组合技术，使得衍生金融工具的定价精巧繁杂；由于技术含量高，使得衍生金融工具如期权、互换等衍生业务难以理解且运作不易。

迄今为止，衍生金融工具在国际市场上已经形成一个新的庞大的金融产品“家庭”，其种类繁多的衍生交易创造了空前繁荣和膨胀的衍生金融市场，在很大程度上改变了传统银行体制的经营范畴和交易规则，不仅在一定程度上促进了金融市场的稳定和发展，满足了市场和投资者对规避风险和保值的要求，为金融机构带来了丰厚的利润，而且对各国的宏观经济乃至全球经济的稳定发展都具有积极的宏观调节作用。

第二节 制度供求机制的一般理论

一、制度与会计制度

1. 经济增长、制度和制度安排

自经济学诞生以来，许多经济学家为研究经济增长理论作出了不懈的努力，形成了各具特色的经济增长理论，并伴随经济发展逐步得到完善。20 世纪 40 年代末期，哈罗德和多马提出了长期增长经济理论，创立了“哈罗德 - 多马”模型。该模型突出了“资本积累”在经济增长中的重要作用，强调了资本积累率是决定经济增长的唯一因素，其他的对经济增长的影响要素被直接忽略。20 世纪 60 年代中期，索洛、斯旺提出了以技术进步为外生变量的经济增长模型，创立了“索洛 - 斯旺”模型。该模型强调在市场经济条件下，资本和劳动具有替代作用，提出技术对促进经济增长的作用。但该模型以完全竞争市场为假设条件，对现实经济增长的解释力大大受到限制。20 世纪 80 年代中期，罗默、卢卡斯等经济学家将知识和人力成本引入经济增长模型，认为知识积累是经济增长的一个独立因素，它不仅产生递增的收益，还可以使资本和劳动要素产生递增收益。该模型的突出贡献是使收益递增模型更接近于世界经济在历史上持续增长的现实；但不足是，由于模型中将经济发展中不确定的学习过程看做是既定的、难以解释并有风险的创新过程，所以无法解释制度变迁与国家经济增长和波动的原因。80 年代后期，新制度经济学的代表诺思用历史和经验相结合的研究表明，历史上的经济革命并不是由技术革命导致的，技术革命只不过是伴随经济增长的一个现象或一个结果，是制度的创新为技术革命铺平了道路。对经济增长起决定作用的是制度而不是技术。那么，什么是制度呢？诺斯在《西方世界的兴起》一书中指出，制度是社会博弈规则，是人们所创造的用以限制人们相互交往的行为框架。其中，博弈规则又分为两类：正式规则和非正式规则。它打破了新古典经济增长理论假设制度是既定的条件，使经济增长理论更趋成熟和完善。新制度经济学的创始人科斯在《企业之性质》一文中将交易成本引入经济学分析，科斯在文中提出，如果交易费用为零，不管初始权利如何配置，自由交易都会达到资源的最优利用状态，这一思想被称为“科斯中性定理”。科斯中性定理表明，在交易费用为零时，任何一种制度安排对财富或收入的分配都有影响；而对产出的构成，亦即对资源配置没有影响，有效率的结果总可以通过无代价的市场谈判达到。在正交易费用的情况下，法律（制度）在决定资源如何利用方面起着极为重要的作用，这一思想被称之为“科斯定理”。同时，科斯定理还表明，在交易费用大于零时，制度安排不仅对分配有影响，而且对资源配置及产出的构成也有影响，因为在某些制度安排下会产生较高的交易费用，从而使有效益的结果不能出现。著名经济学家舒尔茨在《制度与人的经济价值的不断提高》一文中定义（注：该文曾获得《美国农业经济学杂志》授予的杰出论文奖）：制度是一种行为规则，这些规则涉及社会、政治及经济行为；涉及法律秩序、制度安排以及风俗习惯和意识形态等。舒尔茨认为，制度是为经济服务的。他在《制度与人的经济价值的不断提高》一文中对制度作了经典性的分类：①用于降低交易费用的制度，如货币、期货市场等。②用于影响生产要素的所有者之间配置风险的制度，如合约、保险等。③用于提供职能组织与个人收入流之间的联系的制度，如遗产、劳动者的权利分配等。④用于确立公共品和服务的生产与分配框架的制度，如高速公路和学校等。而著名制度经济学家青木昌彦在《比较制度分析》中对制度则定义为：制度是关于博弈如何进行的共有信念的一个自我维系系统。制度的本质是对均衡博弈路径显著和固定特征的一种浓缩性表现，该表征被相关领域几乎所有参与人所感知，认为是与他们的策略决策相关的。这样，制度就以一种自我实施的方式制约着参与人的策略互动，并反过来又被他们在连续变化的环境下的实际决策不断再制定出来。

从上述著名经济学者对制度的经典诠释，我们可以深刻感知到，在新制度经济学的研究中，以制度作为研究对象有着极其丰富的理论和实践内涵。具体表现为：①制度是人的利益的选择结果。制度的研究结果表明，制度与人的动机、行为有内在联系，历史上任何制度，都是人的利益及其结果的选择。②制度是一种"公共品"。著名经济学家萨缪尔森将"公共品"定义为，一个个人消费这些物品或服务不会有损其他任何人的消费。制度作为一种行为规则，并不是针对某个人的；或者说，在人类历史上还没有一种制度是专为某个人制定的。制度是一种公共规则。③制度和组织不同。制度是社会游戏规则，是用以约束人们相互行为的框架；组织是社会游戏规则的实践者。著名经济学家赫伯特·西蒙指出，"组织"一词是指群体内人们交流的复杂模式和其他关系。该模式给群体中每个人提供了决策所需的大量信息、假设、目标和态度，同时也给他提供了关于群体内其他人所作所为和别人对自己言行的反映的一系列稳定和可理解的预期。

在对制度内涵的分析理解中，我们不仅应正确理解"制度"，同时还应正确理解"制度"与"制度安排"的关系。根据新制度经济学的理论观点，制度安排就是管束特定行为模型和关系的一套行为规则，是支配经济单位之间可能合作与竞争方式的一种安排。制度安排是制度的具体化。制度安排包含两大目标：一是提供一种结构，使其成员的合作获得一些在结构外不可能获得的追加收入；二是提供一种能影响法律或产权变迁的机制，以改变个人（或团体）可以合法竞争的方式。

总之，制度因具有降低交易费用的功能、为经济提供服务并产生经济价值的功能、引导人们通过合作提高经济效益的功能、适度的激励功能、使外部经济效应内在化的功能，决定了社会和经济的激励结构，最终有效地促进经济的增长。而对制度的内涵分析，不仅有利于帮助我们加深对制度的深刻理解和认识，而且有利于帮助我们对衍生金融工具会计制度供求机理的实质作深入研究，更科学地找出一些规律性的东西，从而有效地降低衍生金融工具会计制度供求的变迁成本。

2. 会计制度

（1）狭义会计制度。纵观西方会计的发展历史，对会计规范的理论研究一般建立于“准则、惯例”，而没有“会计制度”这种表达。会计制度主要是我国长期应用的会计理论内涵，一般来说，传统意义上的会计制度主要应用在我国会计核算工作的规范上，自新中国成立至21世纪初，我国对会计核算工作的规范就一直以“统一会计制度”进行命名。由于我国会计的历史发展和文化背景，会计制度一般由国家颁布，是全面规范企业会计具体核算行为的重要指南。根据《新会计大辞海》（1993）的定义，会计制度是会计法规体系的组成部分，是进行会计核算工作所遵循的规则、方法和程序的总和。由此可见，传统的会计制度是一种狭义的制度规范表达，其界定主要用于规范会计核算行为。

（2）广义会计制度。依据新制度经济学的观点及制度内涵的理解，将新制度经济学原理应用到会计领域，会计制度应立足于广义视角上，是符合制度内涵机理的会计制度，是会计法规、准则或会计核算制度的统称。具体形式可以表现为“制度”、“准则”和“规范”。其中“会计制度”的规范内涵，由于西方国家没有对“会计制度”进行形式上的定义，因此，根据我国新修订的会计法第六章第九十八条规定：国家统一会计制度，是指由财政部制定，或者财政部与国务院有关部门联合制定，或者经财政部门审核批准的在全国范围内统一执行的会计规章、准则、办法等规范性文件。可见，这里所指的会计制度比起我国传统意义上的会计制度，其范围已进一步扩展为广义制度的内涵，是约束人们会计行为的总体框架和规则；而“会计准则”的规范内涵则可以借鉴西方国家对会计准则的理论研究，西方会计理论研究认为[①]，会计准则是基于会计理论框架而构建起来的一种制度性行为约束体系。而我国对会计准则的理论研究则认为[②]，会计准则主要包括以下三个方面的内涵：①会计准则是反映经济活动、确认产权关系、规范收益分配的会计技术标准，是生成和提供会计信息的重要依据。②会计准则是资本市场的一种重要的游戏规则，是实现社会资源优化配置的重要依据。③会计准则是国家社会规范乃至强制性规范的重要组成部分，是政府干预经济活动、规范经济秩序和从事国际经济交往等的重要手段。而会计规范在一定程度上含义更广，不仅包括会计法规、会计准则，而且还包括会计惯例、职业道德等。在上述对会计制度的定义诠释中，我们不难看出，随着中国经济的发展和会计理论研究的深入，会计制度已从狭义的制度研究视角扩展到广义的制度研究视角，更接近新制度经济学的制度内涵，既包括正式规则，也包括非正式规则。本书论证中所定位的会计制度正是基于上述理论内涵基础所进行的研究。

一项会计制度改革措施的出台就是一项新的会计制度安排取代旧的会计制度安排，就是一个制度供求变迁过程。我国自1993年颁布实施《企业会计准则》以来，就迈出了我国会计制度适应市场经济改革的第一步。随着经济发展的不断加快、我国资本市场的日益繁荣，金融工具会计制度也随之发生了制度性的供求变迁，不仅实现了原生金融工具会计制度零的突破，而且也实现了从原生金融工具会计制度向衍生金融工具会计制度的供求转变，进而对我国金融工具改革，特别是衍生金融工具的改革带来了巨

---

① ［美］斯蒂芬·A. 泽夫. 会计准则制定——理论与实践. 北京：中国财政经济出版社，2005

② 王军. 企业会计准则讲解2006. 北京：人民出版社，2007

大的冲击和推动，为深入研究我国衍生金融工具会计制度的供求机制问题提供了重要的保证。

（3）衍生金融工具会计制度。衍生金融工具会计制度是约束人们在进行衍生金融工具交易时所涉及会计行为的一系列具体的制度安排，它是用来指导和约束衍生金融交易的相关人员所发生的会计行为和会计关系的一套行为规则。

衍生金融工具会计制度的技术规范性给予了会计人员在进行会计业务处理时所运用的具体会计处理方法的选择空间，其规范性必然降低衍生金融交易发生时会计核算和会计监督的交易费用；其经济后果通过反映企业经营成果和财务状况的会计信息影响着生产要素所有者对风险和利益的重新配置。从理论上说，衍生金融工具会计制度的公共合约性应有利于企业相关利益主体在缔约时个体意愿的充分表述。作为一项规范衍生金融交易中具体的行为安排，该制度提供了一种无形的结构，在此结构中进行会计活动的经济组织或个人出于彼此之间的合作而获得了在此结构之外不能获得的追加收入，即该制度具有经济效率功能；同时，作为一个公共合约，其必然会影响各签约方的权利和义务，从而可以改变相关利益团体或个人之间合法竞争的方式，即该制度具有安全功能。

正是由于衍生金融工具的权益关系决定了该制度作为一项正式约束，应该是人们有意识地创造出来的制度安排，它通过衍生金融交易反映的各项活动，通过与其他会计制度的融合，规范了会计人员在会计活动中应该怎么办，不应该怎么办，简单地说，何以为之，何以不能为之，从而达到有效约束衍生金融会计行为的反映会计信息的目的。所以，该项具体的制度安排，其设计、制定和运行过程实际就是一个制度变迁的过程，衍生金融工具会计制度的需求和供给必然符合制度需求和供给研究的理论框架。

二、制度供求

对商品和生产要素的“需求与供给”分析构成了微观经济学的基本组成部分，但是在传统的微观经济学研究中，“制度”这个稀缺要素却被抽象掉了，新制度经济学的重要贡献正是有效地把“需求与供给”拓展到制度分析领域。著名经济学家林毅夫指出，制度选择及制度变迁可以用“需求与供给”这一经典的理论构架来进行分析。制度需求和制度供给作为新制度经济学的“四大支柱”之一，是新制度经济学的核心内容。

1. 制度需求

根据微观经济学的需求理论，需求一般是用于描述消费者在某一特定时间内在不同的价格水平上愿意而且能够购买的商品数量。需求的产生需要具备两个条件：一是消费者要有购买商品的欲望；二是消费者要有支付能力。而需求量则是在某一特定的时期内，一定条件下消费者愿意而且能够支付的商品和劳务总量。一般来说，影响需求数量的因素有多种，如商品的价格、消费者的收入水平、商品替代品的价格、消费者的嗜好变动及其对价格变化的期望，等等。如果把影响需求的因素作为自变量，把需求量 D 作为因变量，a，b，c，d，e，…，n 代表影响需求的诸因素，则需求函数可用公式表现为：

$$D=f(a, b, c, d, e, \cdots, n)$$

假定其他因素不变，只考虑商品价格 P 的变化，则需求函数为：$D=f(P)$。这时，商品价格变动所引起的需求量的变动表现为同一曲线上的移动，这种变动通常称为需求量的变动；而商品的价格与需求量存在着相反方向的变动关系，即在其他条件不变的情况下，需求量随价格上升而减少、随价格的下降而增加，这就是著名的需求定理。当然，需求定理是对一般商品和劳务而言的，对某些特殊商品则不一定适用。假设当商品价格不变时，由其他因素引起需求曲线的移动，这种变动称为需求的变动。将需求变动理论演绎到新制度经济学中，表现为人们对制度的需求，源于现有的制度安排无法获得潜在利益。人们对制度的需求和对商品的需求一样，预期供给的制度能使人们实现在现有的制度安排下无法实现的潜在利益，从而产生了对制度的内在需求动机。所以，同影响商品需求的众多因素一样，也有许多因素影响人们对新的制度安排的需求，只是这些因素相对复杂、抽象。其中，主要的制度需求因素包括：第一，相对产品和要素价格。相对产品和要素价格的变化改变了人们的激励结构，同时也改变了人们讨价还价的能力。而讨价还价能力的变化又导致了重新缔约的力量，即具有制度变迁的动机和能力。第二，宪法秩序。权力主体所制定的基本规则的变化，深刻地影响着创立新的制度安排的预期成本和费用，因此也就影响了对新的制度安排的需求。第三，技术。技术变化决定了制度结构及其变化，技术发展水平及其变化既可以降低交易费用，使原来不起作用的制度安排起作用，又可以产生对新的制度安排的需求。第四，市场规模。市场规模的扩大对制度需求的影响主要表现在三个方面：其一，新的制度安排的固定成本以更快的速度得到弥补；其二，使一些与规模经济相适应的制度安排得以产生；其三，降低了制度安排的成本。

2. 制度供给

根据古典经济学的供给理论，供给是在特定的时期内，在一定条件下（指影响供给的各种因素），企业愿意而且能够出卖的商品和劳务量。一般来说，影响供给的因素有多种，如商品的价格、企业要达到的目的、产品的成本、现有的技术水平、生产者对未来价格的期望等。如果把影响供给的因素作为自变量，把供给量 S 作为因变量，a，b，c，d，e，…，n 代表影响供给的诸因素，则供给函数可用公式表现为：

$$S=f\ (a,\ b,\ c,\ d,\ e,\ \cdots,\ n)$$

假定其他因素不变，只考虑商品价格 P 与商品供给量的关系，则供给函数为：$S=f(P)$。当影响供给的其他因素不变时，商品价格的变动所引起的供应量的变动是在同一条供给曲线上的移动，这种变动称为供应量的变动。在其他条件不变的情况下，该商品的供给量随价格的上升而增加、随价格的下降而减少，这就是供给定理。但对某种特殊商品而言，供给定理就不一定适用。当商品价格不变时，其他因素的变动所引起的供应量的变动是整个供给曲线的移动，这种变动称为供给的变动。将供给变动理论演绎到新制度经济学中，制度供给比商品供给更复杂，制度供给的变化取决于现有的宪法秩序提供新的制度安排的能力和意愿，而制度创新的供给主要取决于一个社会在现有的制度安排下既得利益集团和新的制度安排下潜在利益集团的权力结构或力量对比。影响制度供给的因素主要包括：第一，宪法秩序。宪法秩序为制度安排提供了选择空间并影响了制度变迁的进程和方式，宪法秩序可能有助于制度变迁，也可能起到根本性的压制作用。第二，制度设计的成本。每一项能够带来收益的制度安排都需要耗费成本，制度设计的成本是决定制度供给的一个很重要的因素。第三，现有知识的积累和社会科学知识的进步。科学技术的发展、知识存量的多少和制度设计成本是息息相关的。第四，实施新制度安排的预期成本。制度从潜在安排变为现实制度安排的关键就是制度安排实施中预期成本的大小。第五，现存的制度安排。现存的制度安排或者初始的制度安排具有强化或弱化新的制度安排的能力，即制度变迁中的惯性。第六，上层决策者的净利益。上层决策者的净利益对制度供给的影响主要取决于一个国家或地区的集权程度，在一个高度集权的国家，上层决策者的净利益将对制度供给起到至关重要的作用。

三、制度供求机制的理论模式

机制，从理论上定义是一种体制或体系，是一个工作系统的组织或部分之间相互作用的过程和方式。运用到新制度经济学中，制度供求机制主要描述制度的替代、转换和交易过程，是制度供求之间相互作用而体现的一种特有的秩序。作为一种“公共物品”，制度同其他物品一样，其替代、转换和交易过程也都存在种种社会的和技术的约束条件。制度供求变化的过程可以理解为一种效益更高的制度（即所谓的“目标模式”）对另一种制度（即所谓的“起点模式”）的替代过程。制度供求机制比较著名的理论模式包括诱致性制度供求和强制性制度供求。

1. 诱致性制度供求

诱致性制度供求主要描述的是现行制度安排的变更或替代，或者是新制度安排的创造，它由个人或一群（个）人在响应获利机会时自发倡导、组织和实行（林毅夫，1989）。诱致性模式下的制度供求必须由某种在原有制度安排下无法得到的获利机会引起，通常表现为市场主导下源于社会利益群体的广泛需求而产生的制度供给。

诱致性制度供求机制的特点可概括为：①盈利性。只有当制度供求变迁的预期收益大于预期成本时，利益群体才会推进制度供求机制的改革。②自发性。诱致性模式下的制度供求变化是有关群体（如初级行动团体）对制度供求不均衡的一种自发性反应，自发性反应的诱因就是外在利润的存在。③渐进性。诱致性制度供求变迁是一种自下而上、从局部到整体的制度变迁过程，制度的转换、替代、扩散都需要时间，从外在利润的发现到外在利润的内在化，其间要经过许多复杂的环节，如在行动团体内就某一制度方案达成一致就是一个旷日持久的过程，而非正式制度的变迁还要更缓慢一些。

2. 强制性制度供求

强制性制度供求实际上是一种行政主导下的制度供求机制，即在一定的宪法秩序和行为伦理的道德规范下，权力中心提供的新的制度安排的能力和意愿是决定制度供求变化的主导因素，其往往通过由行政命令和法律形式引入实现。强制性模式下的制度供求的主体是代表国家的权力机构，其基本功能是提供法律秩序并保护产权以换取税收。根据新制度经济学的分析，权力机构在使用强制力时有很大的规模经济。作为垄断者，权力机构可以比竞争性组织（如初级行动团体）以低得多的费用提供一定的制度性服务。权力机构在制度供给上除了规模经济这一优势外，在制度实施及其组织成本方面也有优势。例如，凭借强制力，权力机构在制度供给变迁中可以降低组织成本和实施成本。具体来说：第一，制度供给是权力机构的基本功能之一。权力机构至少要维持一套规则来减少行政管制的交易费用。这些规则包括统一度量衡，维持社会稳定、安全的一系列规则，权力机构的权力、威望和财富最终取决于国家的财富，因此权力机构也会提供一套旨在促进生产和贸易的产权和一套执行合约的执行程序。第二，制度安排是一种公共品，而公共品一般是由权力机构“生产”的，按照新制度经济学的分析，权力机构生产公共品比私人生产公共品更有效，在制度这个公共品上更是如此。许多物品都具有私有或公用的特点，每一个消费者都愿强调公用成分，为私人消费寻求公家的补贴。因此，人们会经常希望政府提供多于“恰当”数量的公用物品。在制度变迁的过程中，即使某一群体发现了制度不均衡以及外在利润，也尽量要求权力机构提供相应的制度安排，因此人们要求权力机构提供制度这个公共品的需求是持续存在的。第三，弥补制度供给不足。如前所述，诱致性制度供求会碰到外部效应和“搭便车”问题。由此使制度安排创新的密度和频率少于作为整体的社会最佳量，即制度供给不足。值得指出的是，在社会经济发展的过程中，尽管出现了制度不均衡、外部利润以及制度变迁的预期收益大于预期的成本等有利于制度变迁的条件，但此时“搭便车”的现象如果相当严重，那么，初级行动团体可能并不会进行诱致性制度供求。在这种情况下，强制性制度供求就会代替诱致性制度供求，因为权力机构可以凭借其强制力、意识形态等优势，减少或遏制“搭便车”现象，从而降低制度变迁的成本。

总之，制度的供求机制是一个极为复杂的问题，但可根据不同条件找到问题的“主导”方面，因此，在对制度供求机制的分析中还可以将制度变化进一步区分为市场主导型制度供求与行政主导型制度供求。与以市场经济为基础的分散决策型体制相适应的制度变迁一般表现为自下而上的制度变迁。制度的重新安排是在单个行为主体为谋求在现存制度下得不到的利益（即外在利润）而产生制度变迁的需求所引发的。这种类型的制度变迁可以用制度变迁的需求决定论模式来概括。而制度变迁的需求决定论模式假定，追求利益最大化的单个行为主体总是力图在给定的制度约束条件下，谋求确定预期对自己最为有利的制度安排和权利界定。一旦行为人发现制度的不均衡和外在利润的存在，就必然产生制度变迁的需求。这种需求一旦转变为新的制度安排就导致了制度变迁。

对于一个有着长期集权且市场经济不是很发达的国家而言，起主导作用的是行政主导型的强制性制度供给。行政主导型的强制性制度供给是在一定的宪法秩序和伦理道德规范下，由权力中心根据自己的意愿和能力提供的制度变迁。权力中心的意愿和能力主要决定于一个社会的各既得利益集团的权力结构或力量的对比。行政主导型的强制性制度供给，其供给机制的特征主要表现为：①在权力主体与非权力主体参与制度安排的社会博弈中，由于权力主体在政治力量与资源配置权力上均处于优势地位，所以权力主体是决定制度供给的方向、形式、进程及战略安排的主导力量。这种优势地位又取决于权力主体集权的程度、财力集中的程度以及权力中心在国民中心的威望等因素。②由于目标函数和约束条件的差异，权力主体与非权力主体对某一新的制度安排的成本与收益的预期值是不一样的，这就难以避免非权力主体对制度的需求与权力主体对制度的供给的差异，即存在制度供给方面的不均衡。这时，只有重新调整利益结构，改变政治力量对比，才能增加制度的供给。

在现实社会中，诱致性制度供求和强制性制度供求相互作用、相互制约，共同推动着社会制度的变迁与发展。

第三节 衍生金融工具会计制度供求机制研究假设

一、新制度经济学关于供求机制的研究假定

新古典经济学在进行经济分析时，一般存在两个基本假设：经济人或理性人假设和完全信息假设。其中，经济人或理性人假设是西方经济学关于人类经济行为的一个基本假定。这一假设是指作为经济决策的主体都是充满理智的，既不会感情用事，也不会轻信盲从，而是精于判断和计算，其行为是完全理性的。而完全信息假设则是描述每一个从事经济活动的个体都对有关的经济情况具有完全信息。而这些假设最大的局限性就是脱离经济现实。

新制度经济学为了更好地研究现实问题，对古典经济学中的经济人假设作了重大修正。新制度经济学认为，环境的复杂性和人类理性的有限性，给人们的相互交往带来了种种不确定的因素，制度的存在就是为了降低这种不确定性。因此，在新制度经济学研究视角下的制度供求研究的假设是：追求利益最大化的单个行为主体对事务的判断具有有限的理性，总是力图在给定的制度约束条件下，谋求确定预期对自己最为有利的制度安排和权利界定。一旦行为人发现制度的不均衡和外在利润的存在，就会产生制度变迁的需求。这种需求能否转变为新的制度安排，取决于赞同、支持和推动这种制度变迁的行为主体集合在与其他利益主体的力量对比中是否处于优势地位。如果力量优势明显，则原有的制度安排和权利界定将被新的制度安排和权利界定所替代，最后国家通过法律等形式确立有利于占支配地位的行为主体的制度安排和产权规则，从而导致制度供求变迁，以达到“帕累托最优”。

二、衍生金融工具会计制度供求机制的研究假定

基于上述的理论指导，本书在构建衍生金融工具会计制度供求机制的研究假设时，假设追求利润最大化的利益主体在复杂的市场经济中，面对衍生金融交易产生的利益选择存在着有限的理性，在既定的会计制度约束下，预期通过衍生金融交易而获取最佳收益，并防范风险，衍生金融工具会计制度供给与需求是衍生金融交易中所寻求的最有利的制度安排。一旦现有的有关衍生金融工具会计制度对衍生金融市场信息的反映表现出不合理、不真实，或社会利益群体对未来收益信息反映的预期不合理、不真实，社会利益群体就会表现对现有制度的不作为，就会产生新的制度需求以满足社会群体利益，这样势必导致新的衍生金融工具会计制度在较短的时间内代替现行供给的制度，发生衍生金融工具会计制度的供求变迁，从而实现资源的重新配置，使得利益主体的效用水平有所提高，以完成“帕累托改进”的过程。

第四节　衍生金融工具会计制度供求机制的分析框架

诺斯指出，制度提供分析框架，人类在里面相互影响。制度确立合作和竞争关系，这些关系构成一个社会；或者更准确地说，构成一个社会秩序。为了能清晰研究制度变迁的特征，在进行制度供求机制研究时，必须了解对制度供求机制的影响要素和其他现状。作为一个制度变化的需求与供给的启发式分析框架，需要具体说明哪些是内生变量、哪些是外生变量。

一、制度供求的内生变量和外生变量

在经济理论论述中，许多经济学者通常会借助经济变量来构建理论模型，其目的是为了以简化的方式更好地对理论进行描述。一般来说，经济变量包括内生变量和外生变量。其中，内生变量是具有某种概率分布的随机变量，是由模型决定的变量，它同时对模型系统也产生影响。反映在制度供求机制的分析上，内生变量主要表现在制度供求变迁中最终的“制度安排”是否合理以及“制度安排的利用程度”是否有效。而外生变量则是由经济理论模型以外的因素所决定的已知变量，或是具有临界概率分布的随机变量，外生变量影响系统，但本身不受系统的影响。外生变量一般是外界经济变量、条件变量、政策变量、虚变量。它是模型据以建立的外部条件。外生变量应用在制度供求机制的分析上，分别表现为制度的供给与制度的需求。从制度安排的供给分析，外生变量主要表现为宪法秩序、现存制度安排、制度设计成本、现有知识积累、实施新安排的预期成本、规范性行为准则、公众态度、上层决策者的预期净收益等；而从制度安排的需求分析，外生变量主要表现为相对产品和要素价格、宪法秩序、技术、市场规模等，它们共同作用，影响制度的供求机制。

著名制度经济学家戴维·菲尼根据新制度经济学的研究成果勾画了一个制度供求机制的分析框架①（见图 1－4）。

从图 1－4 中可以看到，新制度经济学从注重制度需求分析转向对制度供给的综合分析，标志着制度分析向制度供求机制对称均衡的分析框架迈出了具有十分重要意义的一步。

---

① V. 奥斯特罗姆，D. 菲尼等．国际经济增长中心．北京：商务印书馆，1992

制度类型
　　宪法秩序
　　制度安排
　　规范性行为准则
内生变量
　　制度安排
　　制度安排的利用程度
外生变量：对制度变化的需求
　　相对产品和要素价格（包括人口变化）
　　宪法秩序
　　技术
　　市场规模
外生变量：对制度变化的供给
　　宪法秩序
　　现存制度安排
　　制度设计成本
　　现有知识积累
　　实施新安排的预期成本
　　规范性行为准则
　　公众态度
　　上层决策者的预期净利益
动态顺序
　　变化途径/制度演变

图1-4　制度安排的需求与供给分析框架概览

二、衍生金融工具会计制度供求机制的分析框架

将制度供求机制的分析框架应用于对衍生金融工具会计制度的供求机制分析，表现为对衍生金融工具会计制度的变化需求来源于这样一种感性认识，即在现存原生金融工具会计制度的供给现状下，相关的利益群体无法获得潜在的利益。因此，行为者认

识到，只有改变现有安排，他们才能获得在原有制度下得不到的利益。只有改变现有的原生金融工具会计制度的安排、使相关的会计信息回馈能更有助于对衍生金融交易预期决策的收益，能更有利于衍生金融收入分配朝有利于自己的方向转变，动力是显而易见的，因此对原生金融工具会计制度实现向衍生金融工具会计制度的延伸和拓展。只有实现衍生金融工具会计制度的供求变迁，才可以得到现存制度安排下所得不到的利益。具体来说，衍生金融工具会计制度的供求，在一定程度上取决于权力机构的政治秩序所提供新安排的能力和意愿。作为分析框架中的宪法秩序对衍生金融工具会计制度的创新与供求一般表现为这样的特征：宪法秩序为制度安排规定了选择的空间，有助于自由调查与实践，影响了制度的进程与方式；同时，宪法秩序也直接影响了进入政治体系的成本和建立新制度的立法基础的难易程度。如果在现有宪法秩序下利益主体无法承受进入政治体系的成本或者既得利益格局对新立法阻力过大，将有可能阻碍制度的创新；反之，则有助于制度创新。由于宪法秩序作为外生变量的相对既定性，所以，影响衍生金融工具会计制度需求的外生变量更多地建立在对衍生金融产品的预期收益价格以及衍生金融市场规模和技术条件的变化分析上，而影响衍生金融工具会计制度的供给的外生变量则更多地建立在对衍生金融现存制度安排、制度成本和上层决策者的预期净利益等因素上。由于原生金融工具会计制度的局限性，当衍生金融工具会计制度的可预期制度收益将大于制度成本时，衍生金融工具会计制度就会产生市场供给，这样就可以满足利益群体对日益发展的资本市场、积极防范风险的需求。同时，鉴于衍生金融交易的多样性和复杂性，技术革命的支持对衍生金融工具会计制度供求变迁也有着普遍的影响，这主要表现为：在过去长期的金融实践的演进中，技术变迁使产出在相当范围内发生了规模报酬递增，因此使得更复杂的组织形式的建立变得有利可图。另外，作为规模经济的一个副产品，技术变迁产生了金融企业组织制度，也产生了使当今城市金融组织社会化得以形成的经济活动，这些结果反过来产生了广泛的外部效应，而它又促进了更进一步的变化。其中的负外部效应又必然推动制度的创新。再者，技术变化不仅增加了衍生金融工具会计制度变迁的潜在利润，而且降低了某些制度变迁的操作成本，特别是使信息成本迅速降低。技术发展使得一系列旨在改进市场和促进商品流通的制度革新变得有利可图；同时，通信技术的改进也大大降低了建立在空间上相互移动的个人参与基础上的制度安排的组织成本。值得特别注意的是，作为制度的供给分析，我们还应重点关注衍生金融工具会计制度供给分析的一个重要影响因素，即上层决策者的净利益。衍生金融工具会计制度作为一个“公共物品”，其供给往往由代表上层决策者的权力机构提供，由于上层决策者处于一个战略地位，他们能够影响制度安排，并有能力保障种种供给合乎他们的利益。上层决策者使用供给的手段受制约越少，其收益成本似乎愈明显，然而，该收益成本与社会效益成本之间出现差异的可能性就愈大。因此，衍生金融工具会计制度的供求机制的均衡有效是决定衍生金融工具会计制度变迁与否的重要前提，最大限度地满足衍生金融信息需求者的利益需求，同时又使衍生金融工具会计信息得以充分提供是衍生金融工具会计制度的主要作用。衍生金融工具会计制度供给与需求的相互作用、相互推动，使所供给的衍生金融工具会计制度能够得到有效的运用，所提供的衍生金融工具会计信息质量可以从不均衡到均衡的博弈发展中不断提高。

根据上述分析框架，运用计量经济学模型，本书尝试构建如下多元线性回归方程：

我们假设 DI_t^d 代表衍生金融工具会计制度的需求，参数 α 代表方程中的外生变量变动时制度需求的变动数量，P_t 代表衍生金融产品要素价格的变化，M_t 代表衍生金融的市场规模，T_t 代表衍生金融工具的技术变化，D_1 作为模型选择的虚拟变量，主要用于在制度变化中的非数值变量，如制度需求中的一些定性因素：宪法秩序或政府经济政策的变动因素等，同时在方程式中加入随机

扰动项 u_{1t}，则衍生金融工具会计制度需求的多元线性回归方程可表示为：

$$DI_t^d = \alpha_0 + \alpha_1 P_t + \alpha_2 M_t + \alpha_3 T_t + D_1 + u_{1t}$$

同样，我们假设 DI_t^s 代表衍生金融工具会计制度的供给，参数 β 代表方程中的外生变量变动时制度供给的变动数量，C_t 代表衍生金融工具会计制度供给的成本，包括设计成本和实施成本，T_t 代表现有知识技术的积累，N_t 代表上层决策者的预期净利益，D_2 作为虚拟变量，主要用于在制度变化中的非数值变量，如制度供给中的一些定性因素：政府经济、政策改革和公众态度等，同时在方程式中加入随机扰动项 u_{2t}，则衍生金融工具会计制度供给的多元线性回归方程可表示为：

$$DI_t^s = \beta_0 + \beta_1 C_t + \beta_2 T_t + \beta_3 N_t + D_2 + u_{2t}$$

当衍生金融工具会计制度的供给能够满足社会利益群体或个体对制度的需求时，则衍生金融工具会计制度的供求机制趋于平衡。这说明制度供求是有效率的。用公式表示为：

$$DI_t^d = DI_t^s$$ ①

① 本命题构建的衍生金融工具会计制度供求机制的多元线性回归模型，可以用于验证衍生金融工具会计制度供求的均衡性或供求的效率性，鉴于目前我国衍生金融市场没有真正建立，所以本书中仅限于构建衍生金融工具会计制度供求机制的回归方程理论模型，这在有关该命题的研究中也是首次，虽然本书没有运用该模型对制度供求机制的分析进行实际验证，但为今后进一步的实证研究提供了理论模型框架。

本章小结

衍生金融工具会计制度的供求机制研究离不开对所论证命题理论内涵的深刻理解，因此本章分别从金融视角和会计视角对衍生金融工具进行了较为全面的界定，分析了经济增长与制度和会计制度的关系，通过对新制度经济学的制度供求和制度供求机制理论模式的客观描述和理解，提出了关于衍生金融工具会计制度供求机制研究的基本假设；同时根据新制度经济学对制度的供给与需求的分析框架，尝试性地构建了衍生金融工具会计制度供求机制的分析框架，指出了影响衍生金融工具会计制度供给与需求的因素，不仅包括相对既定的宪法秩序，还包括市场规模、技术变化，更重要的是在一定意义上包括了上层决策者的预期净收益及公众的态度等。而作为制度供求的内生变量，制度安排的效率是我们研究的终极目标。同时，本书还运用衍生金融工具会计制度的供求机制分析框架和计量经济学原理，首次构建了多元线性回归方程，拟为后续衍生金融工具会计制度的供求效率实证提供一种定量研究的理论支撑。衍生金融工具会计制度供求机制研究理论框架的搭建，将有助于推进本命题整体的论证，为本命题的研究提供坚实的理论支撑和保证。

第二章　衍生金融工具会计制度供求机制的国外实践

第一节　防范金融风险是衍生金融工具会计制度供求的直接动因

从新制度经济学的观点来看，制度供求的代理人是个别企业家，而制度变迁的来源是对制度所带来收益最大化的预期和对制度偏好的变化。诺斯把前人关于技术演变过程中的自我强化现象的论证推广到制度变迁方面来，从而提出了制度变迁的轨迹和路径依赖问题。衍生金融工具会计制度率先在会计发展处于前沿地位的美国提出并得到较为广泛的应用，随后，国际会计准则委员会也颁布了相关的衍生金融工具会计制度。是什么样的制度背景和动因引发国外衍生金融工具会计制度的供求变迁？国外关于衍生金融工具会计制度的供求机制有什么特点？国外衍生金融工具会计制度的供求实践对我国衍生金融工具会计制度的供求机制有什么启示和可借鉴之处？这些是本章意欲寻求并分析解决的问题。

一、从布雷顿森林体系到新巴塞尔协议

1. 布雷顿森林体系的建立到解体

1944 年 6 月，为挽救走向崩溃的国家贸易，44 个国家的 735 名代表参加了在美国新罕布什尔州的布雷顿森林（Bretton Woods）举行的联合国货币金融会议，这次会议就是著名的布雷顿森林会

议。会上通过的两个协定——《国际货币基金组织协定》和《国际复兴开发银行协定》，总称为布雷顿森林协定。根据布雷顿森林协定建立起来的以美元为中心的世界货币体系（即国际货币制度），则简称为布雷顿森林体系。布雷顿森林体系的主要内容就是建立以美元为中心的固定汇率制度，即实施“两挂钩、一固定”的汇率制度，其内涵是将美元与黄金直接挂钩，其他国家的货币通过黄金平价与美元挂钩，各国货币的汇率基本固定。其中所谓的美元与黄金直接挂钩，就是其他国家必须承认美国政府规定的35美元兑换1盎司黄金的官价，未经美国政府的同意，不得变更黄金官价，而美国则有义务准许外国中央银行或政府机构按照黄金官价用其所持有的美元向美国兑换黄金，以维持黄金的市场价格接近官价；而所谓的其他国家货币通过黄金平价与美元挂钩，就是各国货币依据法定含金量与美元法定含金量的对比（即黄金平价）来确定各国货币与美元的汇率以及各国货币之间的汇率。所谓的一固定则是各国货币的含金量与汇率一经确定，不得随意变动，各国政府有义务维持市场汇率与法定汇率的一致。各国货币的含金量如要变动，必须获得基金组织的批准，未经批准，原则上不能变更既定的含金量和汇率。所以，以美元为中心的汇率制度又称为固定汇率制度。布雷顿森林体系建立后，曾对战后一个时期的世界经济复苏和发展起到了一定的积极作用。然而，在20世纪50年代后期，美国对外贸易连年出现国际收支逆差，黄金储备下降，短期债务上升。在国内，由于奉行凯恩斯赤字财政政策，造成通货膨胀，美元对内贬值，各美元持有国普遍对美元的信心发生动摇。从1960年10月至70年代初，发生了一系列抛售美元、抢购黄金的美元危机。1973年，美元对黄金两次贬值，布雷顿森林体系以美元为中心的固定汇率彻底瓦解，标志着布雷顿森林体系正式解体。

2. 牙买加体系的诞生

布雷顿森林体系崩溃以后，国际金融秩序又复动荡，国际社会及各方人士也纷纷探析能否建立一种新的国际金融体系，并提出了许多改革主张。为此，国际货币基金组织（IMF）于1972年7月成立了一个专门委员会，具体研究国际货币制度的改革问题，由11个主要工业国家和9个发展中国家共同组成。委员会于1974年6月提出一份《国际货币体系改革纲要》，对黄金、汇率、储备资产、国际收支调节等问题提出了一些原则性的建议，为以后的货币改革奠定了基础。直至1976年1月，国际货币基金组织（IMF）理事会“国际货币制度临时委员会”在牙买加首都金斯敦举行会议，讨论国际货币基金组织协定的条款，经过激烈的争论，达成了“牙买加协议”；同年4月，国际货币基金组织理事会通过了《IMF协定第二修正案》，从而形成了新的国际货币体系。牙买加协议的主要内容：①实行浮动汇率制度的改革。牙买加协议正式确认了浮动汇率制的合法化，承认固定汇率制与浮动汇率制并存的局面，成员国可自由选择汇率制度。同时，IMF继续对各国货币汇率政策实行严格监督，并协调成员国的经济政策，促进金融稳定，缩小汇率波动范围。②推行黄金非货币化。协议作出了逐步使黄金退出国际货币的决定，并规定：废除黄金条款，取消黄金官价，成员国中央银行可按市价自由进行黄金交易；取消成员国相互之间以及成员国与IMF之间须用黄金清算债权债务的规定，IMF逐步处理其持有的黄金。③增强特别提款权的作用。主要是提高特别提款权的国际储备地位，扩大其在IMF一般业务中的使用范围，并适时修订特别提款权的有关条款。④增加成员国基金份额。成员国的基金份额从原来的292亿特别提款权增加至390亿特别提款权，增幅达33.6%。⑤扩大信贷额度，以增加对发展中国家的融资。以浮动利率制度合法化、黄金非货币化为主要内容的牙买加协议从此宣告一个时代的结束。然而，浮动汇率制度的实施也让我们清楚地看到其较为突出的利弊特点：一是建立在信用本位上的国际储备多样化。在新的货币体系中，任何国家的货币都不再以黄金作为本位货币，而是建立在国家信用基础上的信用本位。各国用于国际支付的国际储备呈现多样化的局面，既有传统的黄金、美元，也有德国马克、日元等新兴硬通货。二是汇率市场化。在国际汇率市场中，各会员国均实行由市场决定的自由浮动汇率。各会员国政府欲使自己的货币升值或贬值，不再仅以行政方式，而是靠市场手段，即卖出或买进本国货币来左右汇市行情。实行浮动汇率制度后，西方国家的货币虽然摆脱了受美元牵制的固定汇率，但是，汇率的自由波动完全由市场供求来确定也带来了一些隐患。由于各国政治、经济因素的变化，利用汇率来争夺市场，转嫁危机的斗争进一步加剧。同时，在浮动汇率制度下，汇率随行就市波动剧烈，给投机者以可乘之机。投机者为了牟取暴利，往往大量买进或卖出某一国家货币，使这一国家的货币遭到巨大的冲击。有些商业银行出于追逐利润的目的，也参与了外汇市场的投机活动，使汇率波动更加剧烈。这种无序的国际金融体系是导致金融危机的一个重要原因。

3. 国际金融竞争日益加剧与巴塞尔协议

在国际金融市场上，传统业务竞争非常激烈，平均收益率呈下降趋势，金融机构为了寻求新的利润增长点，开始创造并设计出更能满足客户需要的新产品。同时，随着融资证券化的发展，非银行金融机构以各种方式进入原银行市场，开展各种商业银行业务，瓜分固有的金融市场份额，这也加快了银行业内部自身改革的步伐。加上前联邦德国 Herstatt 银行和美国富兰克林国民银行（Franklin National Bank）这两家著名的国际性银行的倒闭，也使监管机构在惊愕之余根据经济管制理论的观点开始全面审视拥有广泛国际业务的银行监管问题。因此，1974 年，由十国集团中央银行行长倡议建立了巴塞尔委员会，该委员会成立的目标主要是对国际金融，特别是国际的银行业务进行监管。该委员会自成立以来围绕银行监管制定了一系列重要的规定，如 1975 年的巴塞尔协定、1988 年的巴塞尔资本协议和 1999 年的新巴塞尔资本协议。这些规定虽不具有法律约束力，但是十国集团监管部门一致同意在规定时间内在十国集团实施。经过一段时间的检验，鉴于其合理性、科学性和可操作性，许多非十国集团监管部门也自愿遵守巴塞尔协定和资本协议，特别是那些国际金融参与度高的国家。其中，巴塞尔协定主要是针对国际业务的银行监管进行的规范，由于银行业存在某种程度的规模经济，从外部效应和信息的不对称来看，银行业务的特性决定了银行是一个高风险行业。其外部负效应不仅体现在债权债务的链条断裂，从而给工商企业和社会公众带来巨大损失，而且这些又反过来造成银行体系的混乱，并殃及社会的稳定；信息的不对称对银行而言是一把双刃剑，它既可以掩盖银行储备不足和资产低下的窘迫，也可以因公信力的丧失而破产倒闭。为了有效地防范银行可能的倒闭风险，巴塞尔协议针对国际性银行监管主体缺位的现实，突出强调了以下两点核心内容：①任何银行的国外机构都不能逃脱监管。②母国和东道国应共同承担责任。随后，根据“监督必须充分”的监管原则，1988 年 7 月，巴塞尔委员会通过了《关于统一国际银行的资本计算和资本标准的报告》（简称《巴塞尔报告》），该报告的核心内容是对资本进行了分类，规定了银行必须保持 8% 的资本充足率，因此这个报告也称为资本充足率报告；同时，该报告还做了监管视角从银行体外转向银行体内的决定。这种外在增资压力和监管思想的根本转变，迫使银行积极实现盈利点的转移。一方面，国际金融市场上衍生金融工具大多属于表外业务，不会增加资产，与资本没有联系或联系不够，可以减轻增资压力；另一方面，衍生金融业务的利润较高，发展迅速。进入 20 世纪 90 年代以来，金融市场自由化速度的不断加快、国际银行业的迅速扩张，加上新技术的广泛运用，使得国际金融市场之间的联系空前紧密，世界金融形式错综复杂，衍生金融品种及其交易规模呈级数增长，银行业越来越深地介入衍生品种的交易；或是以资产证券化和控股公司的形式来逃避资本金管制，并将信用风险转化为市场风险或操作风险，银行与金融市场的交互影响越发显著。这使巴塞尔委员会认识到，尽管《巴塞尔报告》的执行已经在一定程度上降低了银行的信用风险，但以衍生金融工具为主的市场风险却经常发生。这说明仅靠资本充足率已不足以充分防范金融风险。

按照巴塞尔资本协议规定，资本充足率达到8%则为安全，事实上，1993年底，巴林银行的资本充足率已远远超过8%，直至1995年1月还被认为是安全的，但到2月末，这家老牌银行便告破产。鉴于这些情况，巴塞尔委员会在1995年4月对银行处于表外业务的衍生金融工具风险权重新进行了调整。然而，更残酷的现实又席卷而来，1997年7月全面爆发的东南亚金融风暴更是引发了巴塞尔委员会对金融风险的全面而深入的思考。从巴林银行的倒闭到东南亚的金融危机，人们看到金融业存在的问题不仅仅是信用风险或市场风险等单一风险问题，而是由信用风险、市场风险外加操作风险互相交织、共同作用造成的。有鉴于此，巴塞尔委员会在1998年开始对巴塞尔资本协议进行彻底的修改；1999年，巴塞尔委员会提出了以三大支柱——资本充足率、监管部门监督检查和市场纪律为主要特点的新资本监管框架，这就是著名的新巴塞尔资本协议。新巴塞尔资本协议与1988年的巴塞尔资本协议相比，其最突出的特点是内容更广泛、技术更复杂。这是因为新协议力求把资本充足率与银行面临的主要风险紧密地结合在一起，力求反映银行风险管理、监管实践的最新变化，并尽量为发展水平不同的银行业和银行监管体系提供多项选择办法。

二、石油危机的爆发和“石油美元”的回流

1973年和1974年石油价格开始提高，全球石油市场供需出现严重失衡，世界范围内出现了石油危机。一方面，西方工业国家和非产油国家因为石油价格的提高需要支付更多的费用，形成了巨额国际收支逆差；另一方面，产油国则因石油价格的提高增加了收入，形成了国际收支经常项目的巨额盈余，即所谓的“石油美元”。前者不得不纷纷进入欧洲货币市场和资本市场寻求国际资金来源；后者，即OPEC，则为了寻找有利可图的投资场所，不得不将石油资金纷纷流入西欧、美国，形成了“石油美元”的

回流。即“石油美元”从石油输出国返回石油进口国，回流的主要形式是在西方工业国家的银行存款和直接投资。与此同时，石油危机对世界经济结构也产生了一定的影响，许多国家内部行业结构开始调整，一大批新型产业随之而生。各工业国之间的经济实力差距缩小，一批新兴工业国家逐步崛起。石油危机的爆发、“石油美元”的回流和世界经济结构的调整，加剧了石油输出国对欧洲金融市场的依赖，一方面，为了保障“石油美元”不受利率和汇率剧烈变动的影响，石油输出国迫切需要寻找合适的融资方式和金融工具；另一方面，世界经济结构变化过程中出现的国际收支顺差国为了更好地使用剩余资金，只有利用欧洲货币市场和资本市场的融资机制加速资本的不断流动，才能确保剩余资金的保值增值。鉴于加速投资中存在的金融风险，衍生金融工具被大量运用。

三、巴林银行启示录

成立于1763年的巴林银行是英国历史最悠久的老牌商业银行，投资额占英国金融投资的第三位。巴林银行曾经是英国伦敦城内历史最长、名声显赫的商业银行集团，素以发展稳健、信誉良好而驰名，其客户也多为显贵阶层，英国女王伊丽莎白二世也曾经是它的顾客。巴林银行的业务专长是企业融资和投资管理，业务网点主要在亚洲及拉美新兴国家和地区。1994年，巴林银行的税前利润仍然高达1.5亿美元。

巴林银行破产的直接原因是新加坡巴林公司期货经理尼克·里森错误地判断了日本股市的走向。1995年1月，日本经济呈现复苏势头，里森看好日本股市，分别在东京和大阪等地买进大量期货合同，希望在日经指数上升时赚取巨额利润。但是，1995年1月17日突发的日本阪神地震打击了日本股市的回升势头，股价持续下跌。1995年2月26日，里森投资日经225股指期货失利，巴林银行因此损失金额高达14亿美元，这几乎是巴林银行当时的所有资产，这座曾经辉煌的金融大厦就此倒塌。巴林银行最终因无力继续经营而宣布破产。从此，这个有着233年经营史和良好业绩的老牌商业银行在伦敦城乃至全球金融界消失。巴林银行集团破产的消息震动了国际金融市场，各地股市受到不同程度的冲击，英镑汇率急剧下跌，对马克的汇率跌至历史最低水平。巴林银行事件对于欧美金融业的隐性影响不可估量。

巴林银行集团破产，事情表面看起来很简单，里森的判断失误是整个事件的导火线。然而，正是这次事件引起了全世界的密切关注，衍生金融工具的高风险被广泛认识。从里森个人的判断失误到整个巴林银行的倒闭，伴随着衍生金融工具成倍放大的投资回报率的是同样成倍放大的投资风险。这是衍生金融工具本身的“杠杆”特性决定的。然而，巴林银行的衍生金融工具的交易及交易风险在会计信息的披露上也没有得到有效的反映。巴林银行董事长彼得·巴林还曾经在1994年3月认为会计信息没有什么用，彼得·巴林说：“若以为披露更多资产负债表的数据，就能增加对一个集团的了解，那真是幼稚无知。”然而，对衍生金融工具等会计信息不重视的巴林银行董事长付出的代价之惨重，也实在没有人能想象得到！

第二节　金融经济全球化是衍生金融工具会计制度供求的重要推动力

一、美国衍生金融市场全球化

如前所述，20世纪70年代以来，全球金融市场经历了布雷顿森林体系瓦解、金融自由化、石油危机的影响和金融创新浪潮的冲击，汇率、利率、商品、证券等多种实物和虚拟资产的价格发生了前所未有的剧烈波动，金融机构和投资者纷纷寻求回避市场风险、实现资产保值的金融工具。1972年，美国芝加哥商业交易所率先推出英镑外汇期货合约，以规避汇率风险。外汇期货的出现带动了整个衍生工具市场的发展，出现了更多创新金融衍生品，如利率期货、股指期货等。1975 年 10 月，CBOT 率先推出第一张利率期货合约（GNMA）——政府国民抵押协会抵押凭证期货合约；不久之后，为满足市场管理短期利率风险的需要，美国芝加哥商业交易所的国际货币市场（IMM）在 1976 年 1 月 6 日推出了 90 天期的美国国库券期货合约。1982 年，堪萨斯期货交易所（KCBT）推出价值线综合指数期货交易，成为人类历史上首个股票指数期货。在此后的三十余年，美国作为金融衍生品的发源地，以及当今世界规模最大、创新最活跃的衍生品市场，引领了世界各地衍生品的发展趋势。美国金融衍生品走了一条从外汇期货到利率期货再到股指期货的金融期货起源之路，并相应开发了各种期权互换产品。与此同时，美国私人和机构投资者在全球范围的间接投资和直接投资活动迅速发展，跨国界的筹资规模也不断扩大；美国金融企业为了实现其股东财富的最大化，其财务经理们开始在全球范围内寻求产品的最有利价格，并利用外汇和其他金融工具对公司面临的新风险进行规避；金融机构根据国际经济形势的变化在内部进行了较大的改革和调整，公司创新，特别是衍生金融工具的创新成为金融机构改革的重点。

多种金融期权、期货、互换、衍生证券、资产证券化等衍生工具在国际金融市场兴起，带来了金融业一次又一次的创新浪潮。而且，发源于美国，后来扩展到欧洲和亚洲的国际金融管制的放松进一步促进了金融市场的一体化，在这些因素的综合作用下，金融企业出于对外部环境的压力变化和对利润与财富的内在追求考虑，不得不将衍生金融工具会计信息伴随着财务管理业务以全球为背景向国际化方向拓展而进行制度规范。

二、欧洲货币市场的壮大和衍生金融工具市场的兴起

20 世纪 50 年代，欧洲货币市场由伦敦欧洲美元市场开始发端兴起。“二战”后，随着布雷顿森林体系的建立，美元成为主

要的国际支付手段，从而使其他国家（主要是西欧各国）大量持有美元。同时，西方世界性经济发展较快，生产增长、国际贸易扩大，美元资金需求增加。许多美国跨国公司渗入欧洲市场，增加了对美元的需求。在这种情况下，西欧主要发达国家先后解除外汇管制，放松对外币存款的限制，资本基本可以自由流动。这就使欧洲银行经营的美元存贷业务获得迅速发展，并形成了欧洲美元市场。而伦敦则独占鳌头，集中占有50% ~60%的业务量。20世纪60年代，美元危机频繁爆发，一些可以自由兑换的西方国家的主要货币，如西德马克、瑞士法郎、日元等分别成为交易对象，遂出现了欧洲英镑、欧洲西德马克、欧洲瑞士法郎等“欧洲货币”，于是欧洲美元市场便逐渐扩大为国际性的欧洲货币市场。而欧洲货币市场主要具有以下突出特点：①经营自由，一般不受所在国管制。欧洲货币市场作为一个创新市场，它与传统的国际金融市场相比，最明显的特点是摆脱了任何国家政府法规税制的管制约束。传统的国际金融市场必须受市场所在国法规和税制的管制，而欧洲货币市场则不受任何国家法规和税制的管制。一方面，从欧洲货币市场的产生和发展原因来看，这个市场本身就是为了逃避西方国家的金融管制而产生的，它在货币发行国境外，货币发行国的金融管制鞭长莫及；另一方面，市场所在国政府为了吸引更多的欧洲货币资金，采取种种优惠措施，创造尽可能宽松的环境。②资金来自世界各地，各种主要可兑换货币都有交易，而且规模庞大，能满足各种筹资需要。③主要是银行间的批发市场。欧洲货币市场主要是银行间的批发市场，大多数短期资金的借贷在银行间进行，并且每笔交易的成交额巨大，少则几千万美元，多则数亿甚至数十亿美元。④利率结构独特。与传统的国际金融市场相比，欧洲货币市场形成了独特的利率体系，一方面其存款利率略高于国内金融市场，另一方面放款利率略低于国内金融市场，即存款利率相对高、贷款利率相对低，利差经常在0.5%左右。存款利率略高是由于在国外存款的风险比国内大，同时“欧洲银行”享有免税和免交存款准备金的优惠，并且不受利率上限限制，而愿意支付较高存款利率；贷款利率由于“欧洲银行”不受管制，贷款成本相对较低，可以降低利率来招揽顾客。欧洲货币市场的这一特点对资金存款人和借款人都具有吸引力。⑤完全由非居民交易形成的借贷关系。传统的国际金融市场主要是居民与非居民的借贷关系。欧洲货币市场的借贷关系则是外国投资者和外国筹资者的关系，即非居民和非居民的借贷关系。这是欧洲货币市场区别于传统国际金融市场的一个根本特征。正是由于借款条件灵活、不限贷款用途、手续简便等特点，使欧洲货币市场成为一个很有吸引力的市场。⑥突破国际贸易与国际金融汇集地的限制。传统的国际金融市场，通常是国际贸易与国际金融的汇集地，云集众多的跨国公司和跨国银行。欧洲货币市场则突破了这一限制，只要某个地方管制放松、税收优惠或地理位置优越，能够吸引投资者和筹资者，即可以成为一个离岸的金融中心。20 世纪 70 年代以后迅速发展的开曼、巴哈马等国际金融中心都体现了这一特征。⑦市场范围广阔。从地理上看，欧洲货币市场遍布全球各个角落。与其他市场相比，各个欧洲货币市场彼此间具有更多的共同之处，市场间的联系十分频繁，它们往往被视为一个共同的和集成的市场。从交易币种来看，从最初的欧洲美元发展到包括几乎所有发达国家和许多发展中国家的可兑换货币。其中，欧洲美元占有绝对高的比重，约 60% 左右。仅伦敦一地，存在经常性交易的货币就达 15 种之多。从交易活动来看，有银行短期贷款，也有中长期贷款；有固定利率贷款，也有浮动利率贷款。正是由于欧洲货币市场是一个完全自由的国际金融市场，在这样的全球化金融背景下，欧洲衍生金融工具也受到美国衍生金融市场的影响而得以兴起：首先，20 世纪 90 年代，为了适应欧元区经济体、泛欧金融市场的形成，欧洲交易所积极进行公司化改制，建立策略联盟，德国、瑞士的期货期权交易所合并成为欧洲期货交易所（Eurex），法、比、荷、葡等国的证券与期货交易所合并后组建了泛欧交易所（Euronext）。2002 年，Euronext 完成了对伦敦国际金融期货期权交易所（Liffe）的战略收购。其次，集中精力发展衍生金融品，使欧洲衍生品市场得以在短时间内取代美国在该领域的长期霸主地位，成为全球衍生品交易的重要中心之一。欧洲市场规模的迅速扩张主要得益于衍生金融品的快速发展。欧洲资本市场变革之后，Eurex、Euronext 集中精力搞衍生金融品的发展与创新，经过努力，世界衍生品尤其是衍生金融品交易中心已经慢慢从美国转移到欧洲。欧洲衍生品市场尤其是衍生金融品市场的发展速度远远超过了证券现货市场，成为欧洲资本市场最具活力的增长点。1999 年 1 月，Eurex 成立仅三个月，其成交量就跃居世界第一。目前，Eurex 三个月的欧洲美元利率期货、Euronext 的股票期权和股票指数期权都取得了极大的成功。截至 2001 年底，美国三家主要交易所 NYSE、Nasdaq、AMEX 的成交量仅为 9.79 亿张合约，而同期欧洲三家主要交易所 Eurex、Euronext、Liffe 的成交量则达 12.89 亿张合约，高出美国约 32%。在欧洲的交易所和金融集团的业务中，衍生金融品所占的份额、所贡献的利润以及增长速度都比证券现货交易大得多。2001 年，Euronext 衍生品比上年增长了 21.7%，而同期证券现货交易则出现了负增长（下降近 2%），衍生金融品交易增长远远快于股票现货，占集团业务的绝大部分，其市场早已国际化。可见，欧洲市场也同样面临如何有效建立并发展对衍生金融工具进行金融监管，以防范金融风险的现实。

三、世界实体经济活动全球化

众所周知，金融活动是以实体经济活动为基础的，本质上是为实体经济的活动提供货币资金，以及提供货币清算和汇兑等方面的服务。实体经济活动全球化是当前时代的基本特征，它主要表现为生产、服务和贸易的全球化，对外直接投资大规模增长并迅速发展。其中，作为贸易全球化，它的一个重要表现是全球贸易增长远远超过生产增长。据统计，1950—1980 年，全世界各国的生产增长了 3 倍多，但全球贸易增长了 10 倍多。贸易全球化说明越来越多的国家的经济活动面向全球市场，并依赖国际市场。而推动贸易化的动力来自生产的全球化。如果以最有代表性的制造业为例，第二次世界大战之前，全世界制造业的90%集中于9个国家；第二次世界大战以后到1980年，制造业的集中程度下降，86%的工业制成品来自15个国家，工业化国家所占的比重由过去的75%下降到60%，发展中国家则由3%提高到12%。这个变化说明制造业的分散化和分工化的程度正在提高，这必然促进国际贸易的全球化发展。其次，1950—1980年，全球对外直接投资增长了12倍多。对外直接投资的迅速增长是生产与贸易全球化的必然结果。1980年，外国直接投资占美国国内投资的比重在发达国家是5.1%，在发展中国家是7.5%。这说明外国直接投资对美国经济发展的影响程度越来越大。

同时，跨国公司的发展也有效地推动了经济全球化。1996年，全世界跨国公司母公司的数量是3.5万家，境外分支机构达到20万家。全世界1/3的生产量、2/3的全球贸易量、90%的对外直接投资是由跨国公司直接或间接进行的。跨国公司的存在促进了各国经济在产业、企业、产品、技术、工艺、管理、文化方面的全方位联系，淡化了产品商标上的国家含义，突出了全球化国际产品的性质。

第三节 信息革命为衍生金融工具会计制度供求提供了重要的技术支持

一、金融信息技术的迅猛发展

衍生金融工具的不断推出给现代金融市场带来了划时代的影响，它不仅稳定了布雷顿森林体系瓦解后世界资本市场长期频繁波动的局面，解决了贸易商无法确知收益、借款者无法稳定成本、投资者难以收回本息等棘手问题，而且帮助被视为“没落行业”的银行业走出低谷并迅速发展，成为现代资本市场经济体系中一个不可或缺的有机组成部分。

由于利益主体对衍生金融产品的相对价格的预期变化改变了人们之间的激励结构，同时也改变了人们之间讨价还价的能力，而讨价还价的变化使重新缔约变为可能，因此，人们对衍生金融工具的预期价格的上升更加激励人们去变更产权，使得现有日益稀缺的资源能得到有效的利用。而这一切都需要得到信息技术革命的有力支撑。根据新制度经济学的分析，信息变化和技术的革命是影响制度供求变迁的两个重要动因。诺斯指出，信息成本是交易成本的关键。由于环境的复杂性和人所具有的理性的有限性，制度供求变迁是在不确定条件下进行的。在这种条件下，制度供求的信息是不完全或稀缺的，从而存在正的信息成本。信息成本的提高或降低对制度变迁都会产生重要的影响。信息成本的提高使制度产生，而制度的运作又反过来降低信息成本。随着衍生品交易的不断增加，获取信息的成本也不断增加，导致利益主体对衍生交易会计信息的需求也就不断增加。事实上，从西方的实践应用可知，科学的信息技术革命极大地推动了经济全球化的进程。交通、通信、信息技术的发展使地域空间变小，信息传播速度加快，人们几乎可以毫无障碍地在全球的各个角落实现商务沟通，极大地降低了交易成本。而在国际金融领域，信息技术也发挥着十分重要的作用。根据国际金融发展状况的分析和统计，在国际银行金融体系中，完全手工操作的支付体系已逐渐走向消亡，更加讲求速度和安全的现代化电子清算体系已经建立，并促进资金在全球范围内快速流动。以环球银行间的金融电信系统（SWIFT）为例，它由2 000个全球性金融机构于1973年在比利时合伙设立，向网上88个国家的超过3 500家金融机构提供金融信息、支付指令、外汇交易确认、证券交割等服务，一天24小时、一周7天实时在线连续不断工作。时至今日，SWIFT在全球已拥有会员国近160个，会员银行近6 000家，其全球计算机数据通信网在荷兰和美国设有运行中心，在各会员国设有地区处理站。SWIFT系统日处理SWIFT计算机业务高峰值达330万笔。随着“以网络应用为核心的无所不在的计算机时代”的到来，金融业全新的经营模式——网上金融已经形成。1995 年 10 月，美国三家银行联合在因特网上成立了全球第一家网上银行，其开业时仅占半层楼面，但业务已遍及美国各州；1999 年 6 月，美国最大的股票经纪公司美林公司宣布进行全面的网上交易业务。同时，欧洲的网上银行业务也已开展并得到快速递增，在 20 世纪 80 年代初，由于看到传统银行给人们带来的不便，英国的银行家率先在欧洲大陆上刮起了一阵“自助风”，创立了一种“自助餐式的银行”。由于这种银行没有窗口，也不需要排队，所有项目都可由客户在机器上独自操作，极大地节省了时间，受到人们的青睐。首批建立的“第一自助”和“爱格”银行分别吸引了 95 万和 50 万客户，占各自当时客户总人数的 1/4。随着因特网在全球的迅速发展，自助银行也纷纷“嫁接”上网，并在欧洲掀起了一股网上银行的风潮。据摩根银行的一项调查表明，欧洲的网上银行在初期就拥有客户达 320 万人，且呈日渐增多之势。爱格银行上网不久便决定，要在一两年内让网上的用户扩大到客户总数的 30%。摩根银行的调查称，北欧银行上网率普遍高于南欧。瑞典上市的银行在网上拥有 70 多万用户，而芬兰的梅利塔（Merita）银行在网络经营上的业绩“可能是世界上任何一家银行都不能比拟的”，拥有众多的网上用户，占总客户量的 17%。除了吸引本国的用户外，欧洲银行界在建立覆盖整个欧洲甚至全球的网上银行上也作出了初步尝试。同清算银行、英特尔公司等几家大集团结盟的费斯特 - 阿（First - e）1999 年创建了一个覆盖德国、西班牙和法国等欧洲主要国家的网上银行。而西班牙和爱尔兰的几家大银行和网络公司进一步推出了一个更加雄心勃勃的计划，决定建立第一家全球性的网络银行集团。据预测，该集团在很短的时间内将吸引北美、拉美、欧洲和亚洲数以亿计的客户，其网站每天的点击次数可达 300 万至 400 万。据美国金融分析权威机构的专家评估，这一网上银行集团的价值将达 24 亿欧元。由此可见，金融电子信息技术导致全球资本市场急剧扩张，从 20 世纪

90 年代来看，1998 年底，在国际货币基金组织 182 个成员国中，资本账户开放的达 70 多个，国际融资总额从 1992 年的 2 149 亿美元增加到 1997 年的 8.8 万亿美元，外汇交易市场日均外汇交易额从 1989 年的 5 900 亿美元猛增至目前的 1.5 万亿美元；全球流动资本达 7.2 万亿美元，全球证券市值高达 25 万亿美元。这些金融市场全球化的成功背后都离不开信息技术的革命，这一切也都为衍生金融工具的创新提供了极大的可能性。

二、高端衍生模型的广泛应用

在对衍生金融工具会计制度供求机制的研究中，值得特别引证的一个极其重要的技术革命变化因素就是期权定价理论的问世。对衍生金融工具如何定价曾是衍生金融市场一个研究多年而难以解决的课题。1997 年诺贝尔经济学奖获得者斯科尔斯和默顿在 70 年代初推出了他们据以获奖的 Black-Scholes-Merton 期权定价公式，解决了这一难题。B－S－M 模型建立在五个重要假设条件下，分别是：①融资产收益率服从对数正态分布。②在期权有效期内，无风险利率和金融资产收益变量是恒定的。③市场无摩擦，即不存在税收和交易成本。④金融资产在期权有效期内无红利及其他利得。⑤该期权是欧式期权，即在期权到期前不可实施。B－S－M 模型的重要结论是，股票的动态投资组合策略可以从该只股票期权特征中得到发现和复制，即股票可以用一个买权、卖权和无风险债券去合成。同时，利用 B－S－M 模型的重要结论，可以对模型建立的 5 个重要假设进行简化，假设在对衍生证券定价时，所有投资者都是风险中性的①。在价值形成上，以无收益资产欧式看涨期权公式为例，可以用公式表示为：

① 在衍生金融品价值的确定中，影响价值的变量皆为客观变量，独立于主观变量－风险收益偏好，故引出风险中性的约束条件。鉴于模型推导过程的复杂性和论证篇幅的有效性，本书省略模型的推导过程。本部分原理参见：［美］约翰·赫尔. 期权、期货及其他衍生产品. 北京：机械工业出版社，2009

$$c = SN(d_1) - Xe^{-r(T-t)}N(d_2)$$

其中，c 代表衍生金融产品今天的价值，S 是股票的市值，$SN(d_1) = e^{-r(T-t)}S_TN(d_1)$ 是 S_T 的风险中性期望值的现值；X 是期权交割价格，$N(d_2)$ 是在风险中性世界中到期的股票价格 S_T 大于期权交割价格 X 的概率，或者说是欧式看涨期权被执行的概率，$Xe^{-r(T-t)}N(d_2)$ 是 X 的风险中性期望值的现值。其内在机理可描述为，在一系列严格的假设条件下，建立一种无风险证券组合，即买入一个股票的头寸和一个以该股票为标的物的欧式期权，在任意一个短时期内，只要两者高度相关，则股票头寸的盈利（或损失）总是与期权损失（或盈利）相抵消，因而在短时期证券组合的总价值就确定了。换言之，该投资组合是无风险的，在无套利机会的情况下，该投资组合在短期内的收益率一定等于无风险利率。由于期权定价理论的推出，使得许多相关领域的定价问题也连带获得解决。如仅就衍生工具这个领域来估计他们的研究成就，有人给予这样的形容：Black-Scholes-Merton 的期权定价公式创造了一个巨大的衍生工具市场。与此同时，由于金融创新、金融自由化和金融全球一体化进程的不断加快，衍生金融证券迅速发展；又由于衍生金融证券是金融风险管理与防范、投机套利、投资融资、消费信贷等重要性金融活动的基本工具，因此人们深刻认识到衍生金融证券定价问题是现代金融理论的一个极其重要的研究领域，除了前述 Black-Scholes-Merton 期权定价公式的创新外。在当今金融市场上，一方面随着市场不确定性程度的不断增加，股票等主要标的资产的变化过程也变得越来越复杂，因此要想准确反映这些复杂特性，就必须假设这些过程更为复杂，从而使标的变量数量大量增加；另一方面各类客户对衍生金融工具的个性化需求越来越多，促进了具有复杂盈亏收益特征的新型奇异衍生证券得以产生并迅速发展。这些原因促使具有复杂性质结构的高维衍生证券日益占据衍生金融市场的重要位置。高端数值分析方法的运用就成为解决衍生证券定价问题的十分必要的手段。网格分析技术、有限差分技术和蒙特卡罗模拟技术也就应运而生。其中，网格分析技术和有限差分技术在维数较低的衍生金融证券定价应用中可以得到比较好的应用；但对于基于多标的变量和路径依赖特性的高维衍生证券定价应用时，由于计算工作量的迅速增加使得实现起来十分困难，有时甚至是不可能的，由此而遭遇所谓的“维数灾难”。而蒙特卡罗模拟技术由于具有比较灵活且易于实现、估计误差及收敛速度与解决问题的维数独立这两个明显优势，从而能够较好地解决基于多标的变量的高维衍生证券的定价问题。所以，随着高维衍生金融证券发展速度的加快，交易规模迅速增加，应用日趋广泛，网格分析技术和有限差分技术应用逐渐受到越来越大的限制，蒙特卡罗模型在衍生金融证券定价中也因此发挥其更为重要的作用。而所谓的蒙特卡罗模型，实际也称为统计试验方法或随机模拟方法，它是通过随机变量的统计试验分析及其随机模拟求解，获得近似结果的常用方法。如果应用蒙特卡罗法进行定积分，则有：

$$\int_0^1 f(x)\,\mathrm{d}x \qquad (0 < f(x) < 1)$$

从上可以看出，在数值域（0，1）上均匀分布的随机数 ξ、η，并对每一对这样的随机数（ξ，η）实行检验，看 $f(\xi) < \eta$ 是否成立。如果上述检验能够成立，则点落在函数 $y = f(x)$ 曲线下方的区域 S 内，$f(\xi) < \eta$ 成立。如果上述检验假定在 N 个观察值中有 P 个落入 S 区内，则 $P/N \approx \int_0^1 f(x)\,\mathrm{d}x$ 的计算误差不大于 $C/\sqrt{N}$（C 为常数）。

毫无疑问，技术创新增加了制度创新的潜在利润，降低了制度创新的操作成本。而制度创新最终降低了交易费用，从而增加了制度创新的需求。

总之，在全球性的金融经济背景下，如何防范通货膨胀风险、利率风险、股票风险、外汇风险、商品风险和期权的价格风险等各种风险已成为全球经济发展和如何在金融交易中实现收益最大化的一项重要需求。因此，各国政府逐渐放松金融管制，在信息技术革命的推动下，金融市场的竞争日益加剧。这些多方面的因素促使衍生金融工具得以在全球迅速繁衍，衍生金融市场在满足广大利益群体市场需求的基础上得以不断建立和发展。

第四节　衍生金融工具会计制度供求路径

随着金融经济全球化的发展、全球金融市场的形成，资本的跨国流动日益加快，特别体现在商业银行的国际化发展上，该类企业一方面有通过增加高风险投资转嫁金融交易成本、获取高额利润的欲望；另一方面也有扩大债务依存度的冲动和便利，破产风险不断累积。因此，客观上要求加大约束金融交易、充分揭示金融信息，特别是反映衍生金融交易信息的需求正日益增大，而会计信息正是该类信息载体的重要反映。

众所周知，一个会计主体公开发布的财务报告应该揭示对报表使用者决策有重要影响的全部经济信息。而衍生金融工具交易频繁、金额巨大、蕴涵风险却不能在资产负债表上得以反映，显然有违财务会计的充分披露原则。传统的财务报表体系无法容纳衍生金融工具这一事实至少暴露了两个问题：一是由于衍生金融工具不符合传统会计要素定义与确认的要求，因而一直被认为是“表外项目”（off-balance-sheet items）；二是通用财务报表在揭示信息方面确实有一定的局限性，如被纳入报表体系的只能是货币化的数量信息，非货币化或非数量化的信息则无法反映，而且报表格式固定、僵化，也有待改进。

针对缺乏对衍生金融工具会计处理指南的局面，衍生工具的买方与卖方披露合同性质与数量的详略程度应定位在哪一水平上？衍生工具的哪些属性应该在通用财务报表中披露？对衍生金融工具的交易信息，应如何在会计上确认和计量？就报表使用者来说，在表中或表外揭示多少合同相关信息才算是达到了充分披露的要求？这些都是亟待解决的问题。

会计的发展总是要顺应社会经济的发展，会计史上历次重大的制度变迁无一不与当时的制度环境需求密切相关。从衍生金融工具诞生的那天起，人们就开始研究如何改进传统的会计理论与实务。

1. FASB 对衍生金融工具会计制度的供求贡献

美国是世界上最早着手考虑衍生金融工具会计制度供求的国家。为使财务报表能够公允表达衍生金融工具对企业的影响，在 20 世纪 80 年代初，美国财务会计准则委员会鉴于美国本土不断发展的期货业务和外币交易业务，公布了两个涉及衍生金融工具的会计准则：SFAS52《外币折算》（1981 年 12 月）和 SFAS80《期货合同会计》（1984 年 8 月）。上述两项准则提出了外汇汇率的避险活动和期货合同在其他避险活动中的应用，这是最早关于衍生金融工具会计的制度供给。根据美国社会利益群体的需求，对当时具有一定规模的期货业务有一定的指导作用，但所适用的范围较为有限，并且在对套期保值会计处理的标准上存在不完善的地方。

随着美国衍生金融工具种类与交易数量的迅速增长，1986 年 5 月起，美国财务会计委员会开始了一项大型的研究计划——金融工具及资产负债表表外融资。该计划分三步进行：第一阶段研究如何改进金融工具的披露；第二阶段研究恰当的金融工具确认和计量准则；第三阶段研究负债与权益的区分。其中，为了降低问题的复杂性，FASB 决定在第二阶段采用化整为零的拆分策略，先解决一些相对来说比较基本或普遍的金融工具的确认和计量问题；然后以此为基石，致力于较复杂金融工具的确认和计量问题。其选择的对象为无条件应收账款（应付账款）、有条件应收账款（应付账款）、远期合同、期权、担保或其他有条件的交换、权益性工具六项。在金融工具的披露方面，FASB 先后发布了三个有关的会计准则：①1990 年 3 月，SFAS105《对具有资产负债表外风险和集中信用风险的金融工具的披露》；②1991 年 12 月，SFAS107《金融工具公允价值的披露》；③1994 年 10 月，SFAS119《对衍生金融工具及金融工具公允价值的披露》。1998 年 6 月，SFAS133《衍生金融工具和套期保值活动会计》取代了上述 SFAS105 和 SFAS119 两个会计准则。

有关衍生金融工具的确认和计量问题，美国财务会计准则委员会做了大量的准备工作。这个问题的复杂性和解决这个问题的难度从如下系列文告的发布过程可发现一些端倪。例如，1991 年 9 月，FASB 发布题为“套期保值会计——对基本问题的探索研究”报告；1991 年 10 月，FASB 发布题为“金融工具：确认和计量”的讨论备忘录；自 1992 年 1 月至 1996 年 6 月，FASB 共举行了上百次公开会议，专门讨论衍生工具和套期保值活动的会计问题和会计处理方法；1993 年 6 月，FASB 发布题为“关于套期保值和其他风险调整活动的会计处理与对某些问题作出的暂时性结论”的报告，该报告提供了有关衍生金融工具和套期保值活动会计处理的背景信息；由于社会各界人士要求改进衍生金融工具及相关活动财务信息报告的呼声日益高涨，1996 年 6 月，FASB 发布了题为“衍生工具、类似金融工具和避险活动会计”的征求意见稿；1996 年 11 月，36 个组织和个人在为期 4 天的听证会上进行了激烈的讨论，并且对 6 家企业进行了实地考察；在 1997 年的头 7 个月的 21 次听证会上，FASB 着眼考虑针对上述征求意见稿的评论和实地调查结果；1997 年 8 月，FASB 对 SFAS133 准则草案中的有关例子进行修改后，将其送交金融工具工作小组。在整个过程中，FASB 大约收到 150 条关于草案的反馈意见，并在 10 次听证会上讨论这些反馈意见，据此对原草案作出必要修改，从而使得最后发布的 SFAS133《衍生金融工具和套期保值活动会计》更加清晰、更具可操作性；1998 年，FASB 又与美国投资管理与研究协会（AIMR）和加拿大注册会计师协会共同发起一项研究，了解财务报表的投资人、债权人和其他使用者对衍生金融工具使用公允价值的观点和态度。共有超过 100 位财务分析师、金融组合管理人和 AIMR 的成员参加了专题研讨会。研究发现，与会者对在报表中以公允价值报告所有金融工具的问题没有明显的一致意见。那些支持要求金融工具在报表中以公允价值计量的人，和那些认为这样大的计量基础变动没有正当理由的人的数量相同。但是大多数与会者认为金融工具的公允价值信息是重要的，并且希望能够提高这种信息的数量和质量。1999 年 12 月，FASB 发布了与“以公允价值报告衍生金融工具和某些相关资产和负债”有关的主要问题的初步意见；经过大半年的反复磋商，2000 年 9 月，FASB 发布了 SFAS140《金融资产转移和服务以及负债的解除》；同年 12 月，FASB 又发布了由国际准则制定机构金融工具联合工作组（JWG）完成的特别报告——《金融工具和相关项目》。虽然该报告不构成 FASB 以公允价值报告金融资产和负债项目的正式部分，但它涉及了许多同样的问题。JWG 的许多成员认为公允价值是衍生金融工具唯一相关的计量属性；2001 年 11 月，FASB 给它的金融工具工作组的成员分发了一份关于如何报告金融工具的公允价值变动的文章。这篇文章是非正式的，不包括委员会的决定或研究结论，只作为委员会在以后仔细研究该问题时进一步收集信息的工具。讨论和建议被要求于 2001 年 12 月提交。2001 年 11 月，委员会还重申了要求在财务报表中对所有金融资产和负债以公允价值计价的最终目标，同时要求以更详细的方法描述如何确定衍生金融工具的公允价值，并改进披露的形式和内容；同年，美国发生了“安然事件”，安然作为世界上最大的“能源帝国”，2001 年发生财务亏损，由此引发股价急剧下跌，至 2001 年底，安然公司宣布破产，成为美国历史上最大的破产企业。回顾安然从辉煌到陨落的历史，不难发现，安然手中握有为数众多的高风险衍生金融工具，交易标的有石油衍生性商品、利率交换合约等，由于缺乏充分透明的披露制度，安然公司财务案件暴露后，这些衍生合约所特有的风险也加快了安然公司倒闭的进程。因此，围绕安然公司中权益和债务特征披露不足的问题，2002 年，FASB 决定加强对衍生金融工具中会计披露问题的讨论，着重讨论从一个会计期间到另一个会计期间的公允价值变动如何在附注中披露的问题。在公允价值的变动中，有些是根据支付或收回本金、新购进或出售其中的一部分，或者是根据应计的合同利息或股利而获知的。除此之外而获知的公允价值变动，委员会认为，准则讨论稿应当要求对其做出一些最低水平的分类，同时准则讨论稿中应当提供在风险暴露、计量敏感性以及计价政策与方法等特定情况下进行恰当分类的指南。2003 年，FASB 围绕讨论的结果颁布了 SFAS149 和 SFAS150。同时，安然事件发生后，投资者们发现，许多出现问题的公司向自身的高级管理人员支付了大量基于股权的报酬，而未在报表中如实反映其成本。因此，2004 年，FASB 鉴于社会公众的巨大压力，特别是与高科技公司的 CEO 们进行激烈的博弈后，于 2005 年初发布了 SFAS123《以股权为基础的支付》；2006 年，考虑到美国原则上与国际会计准则趋同的选择，FASB 发布了 SFAS155《某些衍生工具——FASB133 和 FASB140 公告的修正》，针对特定混合衍生金融工具的会计处理，考虑到大部分企业对衍生金融工具选择是与主合同一起进行确认计量的特点，该准则允许主合同含嵌入衍生金融工具作为一个整体以公允价值计量，其公允价值变动计入损益。提供这一选择后，企业可不必再将嵌入衍生工具从主合同中分出，同时也与国际财务报告准则保持的一致。

至此，为满足美国衍生金融市场发展的需求，美国财务会计准则委员会颁布的一系列与衍生金融工具相关的会计准则归纳如下[①]（见表 2－1）：

① 王松年等．国际会计前沿．上海：上海财经大学出版社，2001；财政部会计司．会计国际趋同及国外相关组织近期动态．会计研究，2000—2008

表2-1 FASB颁布的与衍生金融工具相关的会计准则

发布日期	准则编号	准则名称
1981年12月	SFAS52	外币折算
1984年8月	SFAS80	期货合同会计
1990年3月	SFAS105	对具有资产负债表外风险和集中信用风险的金融工具的披露
1991年12月	SFAS107	金融工具公允价值的披露
1994年10月	SFAS119	对衍生金融工具及金融工具公允价值的披露
1996年6月	SFAS125	金融资产转移、服务权以及金融负债的解除会计
1998年6月	SFAS133	衍生金融工具和套期保值活动会计
2000年6月	SFAS138	某些衍生工具和套期活动会计——FASB133公告的修正
2000年9月	SFAS140	金融资产转移和服务以及负债的解除
2003年3月	SFAS149	对133号准则中衍生工具和套期活动的修订
2003年7月	SFAS150	某些同时具有权益和债务特征的金融工具的会计处理
2005年1月	SFAS123	以股权为基础的支付
2006年2月	SFAS155	某些衍生工具——FASB133和FASB140公告的修正

2. 国际会计准则委员会（IASC）对衍生金融工具会计制度的供求贡献

1988年5月，经济合作与发展组织（OECD）召开了一次关于金融工具的专题讨论会，与会代表一致认为，为满足不断扩大的世界资本市场和金融市场的需要，应该制定一个国际协调的金融工具会计准则。1988年6月，国际会计准则委员会成立了一个由来自美国、加拿大、澳大利亚、法国、日本、意大利及英国的专家组成的项目筹划委员会，致力于金融工具会计准则的制定工作。经过三年多的努力，IASC于1991年9月为拟议的国际会计准则《金融工具》公布了第40号征求意见稿（简称ED40）。在广泛征求各界意见的基础上，IASC 对 ED40 作了修订，并于 1994 年 1 月公布了第 48 号征求意见稿（简称 ED48），再次征求各界意见。ED48 从适用范围、定义、金融资产与金融负债的确认与列报、金融资产与金融负债的计量及应予说明的事项等六个方面建立了一整套会计准则。1995 年，在杜塞尔多夫召开的理事会上，IASC 正式通过了国际会计准则第 32 号《金融工具：披露和列报》（简称 IAS32），并于 1995 年 5 月发布，1996 年 1 月 1 日起生效。该准则从范围、定义、列报、披露、条款条件和会计改革、附录等方面，就如何披露和列报金融工具信息作出了规范性的要求。但与 ED48 相比，IAS32 以披露和列报为主题从而绕过了金融资产与金融负债确认和计量问题。IASC 之所以这样处理，主要基于下述考虑：一是衍生金融工具的复杂性及其蕴涵的巨大风险，使交易机构的相关利益团体及监管部门迫切要求恰当地揭示其有关信息；二是要在报表体系中对衍生金融工具进行确认和计量，必然要求改造传统的会计模式，这不是短期内就可以解决的问题。

为此，IASC 制订出了两阶段方案：第一阶段，先对表内金融工具的列报提出一些要求，并规定表内（已确认）和表外（未确认）金融工具应予披露的信息，根据 IAS32 的披露要求，该准则披露的内容非常广泛：①金融工具的风险管理和套期。②所使用的金融工具的期限、条件、性质和程度，以及它们的商业目的。③金融工具的利率、信贷风险，以及管理者控制风险的政策。④金融工具的公允价值。⑤金融工具的终止确认。⑥复合金融工具。⑦金融工具的减值等。该阶段以 IAS32 的通过而告终。正如 IAS32 宗旨所言："本准则的目的在于增强财务报告使用者对于资产负债表内和表外金融工具对企业财务状况、经营业绩和现金流量重要影响的理解。"第二阶段，着手研究衍生金融工具为主的金融工具确认、终止确认和计量问题并作出规范性的要求，包括金融资产转移的会计处理、债务违约交易以及套期保值会计等。其中，针对关于基于主体自身股票相关的衍生金融工具，IAS32

提供了下列指南：①如果一项衍生金融工具是基于主体自身股票的价格，并且要求按净现金或净股数来结算，或者赋予对方按净现金或净股数结算的选择权，则该衍生金融工具应作为衍生金融资产或衍生金融负债来处理（即不作为权益工具）。②如果一项衍生金融工具是基于主体自身股票的价格，并且赋予了该主体按净现金或净股数结算而不是按实物全额交割方式结算的权力，则该衍生金融工具应作为衍生金融资产或衍生金融负债来处理（即不作为权益工具），除非该主体已有按以固定数量的主体自身股票全额交换固定金额的现金或其他金融资产的历史。③如果一项衍生金融工具是基于主体自身股票的价格，并且会导致收取或交付固定数量的主体自身股票，以换取固定金额的现金或其他金融资产，则该衍生金融工具的公允价值变动不应当在资产负债表中确认，因为这样做会把报告主体自身股票的公允价值变动反映在其损益中。④如果一项衍生金融工具涉及支付现金业务，以换取主体自身的股票，则对股票的赎回金额应当确认一项负债。可见，该准则的修订提高了衍生金融工具信息披露的质量及社会利益群体对披露要求的运用。该阶段的研究项目在国际会计准则委员会中享有优先权。然而，尽管 IAS32 的公布解决了信息使用者的燃眉之急，但是只要金融工具的确认和计量问题一朝不解决，从严格意义上来讲，IAS32 就不是一项完善的会计准则，将来仍有必要对其加以修订。因为确认和计量标准不确定，有些金融工具既可能在表内列示，也可能在表外披露。

针对来自方方面面的评论意见，IASC 经过不懈的研究与探索，于 1997 年 3 月公布了一份讨论稿——《金融资产和金融负债的会计处理》。该讨论稿建议的会计处理与传统的历史成本会计相比，存在极大差异，而且其关于许多重要问题的看法也不同于 ED40 和 ED48 的有关规定。该讨论稿内容的采纳，将被认为是为了满足当前企业经营和经济环境的需要而对传统应计制会计模式的一个自然拓展。1997 年 10 月 30 日至 11 月 4 日，IASC 在法国巴黎会晤，决定委员会今后应协同各国会计准则的制定者参与制定一个关于金融工具集中的、协调的国际会计准则。并认为从长远角度考虑，这是改进全球范围金融资产和金融负债财务报告的最佳方法。它在给予当年3月份公布的金融资产及负债讨论稿《金融资产和金融负债的会计处理》极高评价的同时，指出大量重要事项包括今后准则将在多大程度上遵循完全公允价值会计处理等，仍需要开展进一步的研究工作；它赞成与会者提出的与各国会计准则制定者共同解决这些棘手问题的建议，并且表明下阶段工作应予紧急处理的观点，即同意在1998年先就金融工具的确认和计量问题着手完成一套暂时性的国际解决方案。在综合准则出台之前，该方案将与关于金融工具披露和列报的IAS32及现有的其他相关准则一起提供指南。为此，IASC继1995年3月发布金融工具准则第一部分IAS32《金融工具：披露和列报》之后，于1998年3月批准发布了IAS39《金融工具：确认和计量》，从而完成了与证券委员会国际组织（IOSCO）协议的一套核心准则的全部主要项目。值得注意的是，IASC虽然颁布了IAS39，但IAS39实际上是一个过渡性的会计准则（或称“暂定准则”），是为赶IOSCO的时间进度而匆匆出台的。不过，IASC表示他们将继续金融工具项目的研究，并尽量争取在2001年出台一套适用于所有金融资产与金融负债会计处理的综合性准则。与此同时，JWG（JWG是IASC于1997年成立的一个金融工具准则的联合工作组，包括IASC和13个国家的准则制定者）则以上述题为“金融资产和金融负债的会计处理”的讨论稿为基础，对《金融工具：确认和计量》进行着进一步的研究。2000年10月，JWG完成了“金融工具”的草拟准则，这份草拟准则经IASC理事会批准后，于2000年12月31日对外发布征求意见。

同年，IASC实施重大改组，于2001年4月开始运作并通过取代IASC的国际会计准则理事会（IASB），在2002年修订《国际会计准则委员会基金会章程》，制定了IASB目标、章程、发展规划等；在此基础上，新发布的准则改称为国际财务报告准则（IFRS），该准则的目的是制定一套能够被美国和欧盟所接受的国际财务报告准则，重点是确保美国和欧盟之间的会计准则的趋同化。自 IASB 成立以来，一直致力于衍生金融工具的核心准则的研究，针对多项衍生金融工具议题通过反复召开理事会并与各国反复磋商，针对各国衍生金融业务项目的需求分别在 2004 年对 IAS32 的《金融工具：披露和列报》进行修订讨论；2005 年就衍生金融工具项目当前和未来工作计划的目标和性质、以公允价值计量的可买回衍生金融工具进行讨论；并于同年发布了 IFRS7《金融工具：披露》围绕企业主体的金融工具会计信息，重点要求披露金融工具对主体财务状况和业绩的重要性和关于衍生金融工具的风险的定性和定量的信息；2006 年，IASB 就金融工具——综合和以公允价值计量的可卖出衍生金融工具、嵌入衍生金融工具重估价、以股份为基础的支付进行了多次的议题讨论，同时 IASB 下设的国际财务报告解释委员会（IFRIC）也围绕着衍生金融工具为主的金融工具会计问题，为合作各国的衍生业务提供了指南，至此，现行国际会计准则主要包括 IASB 新发布的国际财务报告准则和尚存有效的 IASC 原来发布的准则两个部分。其中，从 1973 年 IASC 成立以来至 2000 年 3 月完成使命为止，IASC 共发布 41 项国际会计准则，而截至 2005 年 2 月 15 日仍然有效的共 31 项。目前有效的国际会计准则具体见附录第二章表 2.1，而其中与衍生金融工具相关的准则[①]见表 2－2；另截至 2008 年，IASB 发布的国际财务报告准则（IFRS）[②] 共 8 项，连同发布有效的国际财务报告解释公告（IFRI）[③] 14 项，具体内容见附录第二章表 2.2 和 2.3。其中与衍生金融工具相关的会计准则见表 2－2：

① 王松年等．国际会计前沿．上海：上海财经大学出版社，2001；财政部会计司．会计国际趋同及国外相关组织近期动态．会计研究，2000—2008

② IFRS：International Finance Report Standars

③ IFRI：International Finance Report Interprecentation

表 2-2 IASB 颁布的与衍生金融工具相关的会计准则

发布日期	准则编号	准则名称
1983 年 12 月	IAS21	汇率变动的影响
1995 年 8 月	IAS32	金融工具：披露和列报
1998 年 3 月	IAS39	金融工具：确认和计量
国际财务报告准则（IFRS）		
2004 年	IFRS2	以股份为基础的支付
2005 年	IFRS7	金融工具披露
国际财务报告解释公告（IFRI）		
2004 年	IFRI2	合作主体中的成员股份和类似工具
2005 年	IFRI5	以股份为支付基础
2006 年	IFRI9	嵌入衍生工具的重估

在与衍生金融工具相关的会计规范中，国际会计准则理事会不仅对衍生金融工具会计制度进行了较为详细的规范和解释，而且还对衍生金融工具在财务报表的披露进行了示例：

Barco 的合并报表

2008 年 12 月 31 日

财务报表附注

22. 衍生金融工具

衍生金融工具按成本予以初始确认。初始确认之后，衍生金融工具按公允价值计量。衍生利息合同通过采用现行市场利率和工具剩余期限内的收益曲线来折现未来现金流量的方式来予以估计。远期外汇合约按其在资产负债表日的市场价格来计量。

那些没有被指定为套期工具的衍生金融工具，或者并不满足套期条件的衍生金融工具，都按公允价值计量，且其变动计入收益表。

如果一项衍生金融工具被指定为对已确认资产或负债、确定承诺或者非常可能发生的预期交易的现金流量变动的套期，则衍生金融工具利得或损失中的有效部分直接计入权益。后转未使用的税款贷项和未使用的纳税亏损的前提是应纳税利润将很可能供可抵扣暂时性差异抵减，这样的话未使用的税款贷项和纳税亏损才能予以利用。

衍生金融工具可以用来减少外汇汇率和利率变动的风险。这些工具在购买以后都承担了市场利率变动的风险。这些变动一般被套期项目的相反变动所抵消。

本章小结

通过上述对衍生金融工具会计制度供求路径的国外实践分析，我们可以清楚地看到，在以美国为代表的西方国家发生的衍生金融工具会计制度的推出主要是基于市场主导下衍生金融工具发展的实质需求而进行的诱致性供给，外在的利润或潜在的利润促使广大利益的需求者深深感到在既定制度的范围内，人们是不可能获得这些外部利润或潜在利润的，因此，对衍生金融工具会计制度的供给也就成为制度安排的“发明者”首先要考虑的问题；同时，随着衍生金融工具的不断创新，巨大的潜在风险也为衍生金融工具会计制度供求提供了制度变迁的环境，加上其他外部动因条件，这一切都为金融工具从原生金融工具会计制度向衍生金融工具会计制度的安排留下了空间和边界。在衍生金融工具会计制度环境约束的范围内，如果制度供求的预期收益大于预期成本，那么，衍生金融工具会计制度就会不断地应运而生。曲晓辉认为（2003），会计系统是从它所服务的外界环境中逐渐形成和不断演进，并且反映它所服务的环境的。①

---

① 曲晓辉．会计准则国际发展的利益关系分析．会计研究，2003（1）

第三章　衍生金融工具会计制度供求机制的国内应用

第一节　我国衍生金融工具会计制度供求环境

一、资本市场的改革与经济全球化的快速发展

1. 股权分置与资本市场的快速发展

我国资本市场自1992年分别成立上海证券交易所和深圳证券交易所以来，国内上市公司从无到有，经过近16年的发展、改革和完善，截至2008年底，我国资本市场共计发展有上市公司1 587家，总股本达18 277亿股，两市市值总量达178 035亿元。其中，2005年针对我国股市中因为特殊历史原因和特殊的发展变迁进程中我国A股市场的上市股内部普遍形成的“两种不同性质的股票”（这两类股票在我国形成了“同股不同价不同权”的市场制度与结构）进行了较全面的股权分置改革，这场史无前例的制度性变革用了一年多时间，取得了决定性胜利。实行股权分置改革后，国内资本市场发生了重大的变化，股权分置改革推动了中国股市从漫漫熊市向持续健康的方向发展。特别是2006年和2007年我国资本市场呈现了快速增长的趋势，综合指数在2006年底形成了累积放量增长的态势。根据天相数据库的数据显示，2006年12月末上证收盘综合指数累计比2005年增加1 514点，股票投资者开户数同比增长7.1%，比上年提高5.3个百分点，并且自2006年初以来逐月小幅上扬；股票市价总值年累计增加约5.7万亿元；分别比2004年、2005年增加6.24万亿元和

6.14 万亿元，股票流通市值年累计增加 1.44 万亿元，股票成交额累计同比增长 1.86 倍，分别比 2004 年、2005 年提高 1.54 倍和 2.11 倍；股票成交量累计同比增长 1.44 倍，分别比 2004 年、2005 年提高 1.04 倍和 1.3 倍。同时，值得注意的是，2006 年基金发行和销售两旺，全年共增加证券投资基金 83 只，证券投资基金总资产净值 8 198 亿元，比上年末增加 74.75%；证券投资基金成交额累计增加 1 910 亿元，分别比 2004 年、2005 年多增 1 429 亿元和 1 153 亿元；证券投资基金成交额同比增长 5.07 倍，分别比 2004 年、2005 年提高 5.8 倍和 2.8 倍。毫无疑问，2006 年我国资本市场的资金涌入出现了快速增长，这种快速增长的态势使得我国资本市场成为全球资本市场中的亮点。同时，资本市场的融资在 2006 年全面扩张，企业通过股票市场融资的总额为 5 593 亿元，比上年增长 1.97 倍；境内上市公司数年累计增加 53 家，比上年多增加 16 家。显然，2006 年我国上市公司在国内资本市场投资和融资两个方面均呈现出高速增长的态势，资本市场活跃程度空前提高。而更让人振奋的是，2007 年我国股市更是“牛气冲天”，自 2006 年 10 月 31 日工商银行回归国内 A 股上市起至 2007 年 1 月初，上证 A 股从 1 800 点启动最高上冲到 2 847 点，涨幅达到惊人的 58.17%；从 2007 年 1 月初至 5 月，随着市场人气的全面恢复，股票交易账户开户数迅速提高，各类题材股、概念股迅速爆发，与此同时，市场投机盛行，上证 A 股日换手率一度超过 5.5%，加权平均股价从年初的 7.21 元攀升至 5 月底的 12.49 元，涨幅高达 73.23%。5 月 29 日，上证 A 股更上冲至历史新高 4 335 点。5 月 30 日，财政部进行印花税提高调整；至 7 月份，“530”大调整使股市曾一路下挫至 3 404 点。从 7 月份开始，由于得到权重股的护盘，市场恐慌情绪得到有效缓解，大盘逐渐振荡起稳，在蓝筹股中业绩大增的利好下，股市在 9 月 24 日顺利突破 5 500 点，9 月 26 日上证收盘综合指数更一举突破 6 000 点大关，达到近十几年来的峰值，资本市场各项指标也增长迅猛。与此同时，我国上市公司在中国香港、美国、新加坡的资本市场上市也得到惊人的发展。据不完全统计，截至2006年底，中国香港、美国、新加坡三个主要海外上市地共有401家中国企业挂牌上市，总市值和流通市值达9 548亿美元。根据中国证监会网站的统计资料显示，2006年中国企业在中国香港上市230家，总市值达8 116.80亿美元；在美国上市56家，总市值达1 269.24亿美元；在新加坡上市115家，总市值达162.34亿美元；而2007年海外上市依然保持强劲的势头。以美国纽交所2007年为例，截至2007年底，在纽约上市的中国企业已达51家，总市值超过1.5万亿美元。而与之形成对比的是2006年在纽交所挂牌的有4家，2005年在纽交所挂牌的只有1家，而2003年和2004年在纽交所挂牌的均只有3家。

2. 机构投资者占据资本市场主导地位的格局初步呈现

2002年11月，中国证监会和中国人民银行联合发布《合格境外机构投资者境内证券投资管理的暂行办法》；同时，国家外汇管理局发布了《合格境外机构投资者境内证券投资外汇管理暂行规定》，自12月1日起施行。2003年1月，中国人民银行批准工、农、中、交、建、招行以及渣打、汇丰、花旗三家外资银行的上海分行从事QFII境内证券投资的托管业务；5月，瑞士银行有限公司成为我国证券市场上首家获得QFII的境外机构，至此，机构投资者得到迅速发展。作为我国资本市场上一个重要的参与者，QFII的不断增容在一定程度上树立了投资者的信心，扩大了我国的市场规模，提高了市场的流动性；至2007年，机构投资者更是步入了黄金发展时期，机构投资者的多元化步伐也没有停歇。具体表现在：证券投资基金的规模快速增长，截至2007年上半年，已经披露资产净值数据的53家基金公司的290只基金合计资产净值达到15 077.33亿元，较2006年末激增76.96%，以基金为代表的机构投资者逐渐成为稳定股市的中坚力量；同时，QFII投资额度进一步扩大，截至2007年8月，共有52家机构获批QFII资格，批准外汇投资额度300亿美元，QFII合计持股市值1 512亿人民币，占已流通市值的2.82%。再次，证券公司集合理财业务、信托公司的证券信托投资计划进一步发展，使机构投资者队伍更加壮大、结构更加合理。机构投资者的迅速发展，对于减弱市场非理性波动、推行价值投资理念都有积极影响，也必将促使我国资本市场走上良性发展的道路。

二、金融市场面临前所未有的机遇和挑战

1. 金融市场全面开放

在经济全球化和信息网络技术推动下，金融全球化和自由化正在成为国际潮流。国际金融市场急剧扩张，国际资本流动加快。金融业务与金融机构跨境发展、竞争激烈，中国金融业发展进入全球化的发展阶段，特别是自 2001 年我国加入 WTO 至 2006 年 12 月 11 日入世 5 年的保护期结束，中国金融业全面开放，这标志着中国对 WTO 的承诺全面兑现，也标志着平等国民待遇下的中国后金融时代已经到来。中国金融企业不仅在海外市场上市并迅速占领全球市场，而且以工商银行、中国银行为首的金融龙头迅速跻身世界金融市场的前列。同时，对国内资本市场而言，随着人民币的不断升值以及预期升值的预期效应，中国经济的持续增长、对外开放的推进，也吸引海外资本不断进入我国资本市场，股票等资本市场产品成为 QFII 的主要投资对象。同时，对在中国注册的外资法人银行全面开放人民币业务，进而外资企业在中国资本市场上市也进入倒计时阶段。世界市场壁垒大幅减少，准入门槛大幅度降低，各种生产要素可以进行全球优化配置，金融资本最大限度地在世界范围内自由流动，金融资本市场已成为全球性市场。中国金融市场面临着前所未有的发展机遇与风险挑战。

2. 资本市场对银行金融的挑战

资本市场的快速发展给国内金融市场带来了较大的影响，具体来说：银行信贷资金不断进入资本市场，造成一定的股市泡沫，不仅给商业银行带来极大的信贷风险，也对我国金融运行产

生了深远的影响；同时，储蓄存款持续分流，居民和企业存款活期化趋势加剧，对商业银行资金稳定性形成了较大压力，商业银行面临资金来源紧张的危险。各经济主体扎堆股市，不仅会助长股市的过度投机，助长股市泡沫，并将最终影响包括银行在内的各大实体经济的发展；此外，股市的急剧振荡也会使投资者的投资行为更加缺乏理性，并可能引起一系列社会问题。

3. 货币政策从紧

经过20年的发展，我国经济形势持续向好，近几年更是维持年均10%以上的高速增长。然而，随着CPI指数的不断升高，经济运行呈现过热迹象，为使我国经济能够健康、持续地发展，切实贯彻我国货币从紧的宏观政策，防止经济增长由偏快转为过热以及金融市场风险和物价由结构性上涨演变为明显的通货膨胀，国家一直在不断采取各项宏观调控措施。仅2007年央行一年期存贷款基准利率就调整了6次，其中存款基准利率从2007年3月18日的2.79%上调到2007年12月20日的4.14%；贷款基准利率从2007年3月18日的6.39%上调到2007年12月20日的7.47%。这一切体现了国家针对过热的经济环境，加大了紧缩市场资金的调整力度。

4. 外汇储备持续增加

截至2006年底，我国官方外汇储备为10 663亿美元；而在2007年底，我国的外汇储备已近16 000亿美元。由于我国多年的贸易顺差和大量的热钱流入，我国的外汇储备迅速积累，中央政府试图鼓励资金加速撤离增长缓慢的美国债券市场而流向高风险、高收益的资产领域，分别于2005年成立了中央汇金公司，2007年成立了中国投资有限责任公司，专门进行国家的外汇和国家财政投资。据美国财政部的统计数据显示，截至2007年5月底，我国内地持有的美国国债总额约为4 074亿美元，而4月底为4 140亿美元，相比减少了66亿美元。至此，我国是世界上持有美国国债第二多的国家，占所有美国可流通国债总额的10%左右，作为“世界工厂”的中国现已在美国金融市场上持有不可忽视的筹码，对美国金融市场较大空间地发挥着自己的影响力。据报道，2007 年 4 月，我国政府曾试探性地抛售 58 亿美国国债，这只相当于中国政府持有美国债券总量的 1%，抛售的结果让美国政府、华尔街市场发生了一阵恐慌，导致美国财政部副财长罗伯特·基米特匆忙赶往中国，希望中国政府不要出售美国国债。美国政府担心，我国对国债的抛售会引发其他国家跟进抛售，将导致美元狂泻，美国金融市场将出现灾难性的失控。由此可见，我国在国际金融市场，尤其是在与美国金融市场的博弈中，已经掌握了一定的主动权：若美国强行开展贸易报复措施，对人民币升值施加压力，我国则可以动用外汇储备手段进行反击。在美国曾引以为豪的金融市场上，今天的中国不再是旁观者，也不是一个无足轻重的对手，而是一个举足轻重的庄家！经济的发展决定了我国的国际话语权。我国因为拥有巨大的外汇储备，在对美国策略上就具有更大的灵活权和主动权。无论是在政治上还是在经济上，美国都会越来越重视中国、尊重中国。

5. 人民币汇率机制改革与汇率持续走高

2005 年 7 月 21 日，中国人民银行发布公告，为建立和完善我国社会主义市场经济体制，充分发挥资源配置中的基础性作用，建立健全以市场供求为基础的、参考一揽子货币进行调节、有管制的浮动汇率制度。人民币不再盯住单一美元，形成更富有弹性的人民币汇率机制。当天美元对人民币汇率的收盘价调整为 8.11 元人民币。为了促进国际收支基本平衡，维护宏观经济和金融市场的稳定，人民币汇率机制改革就此拉开了序幕。2006 年，随着我国经济的高速增长，外贸顺差的逐年扩大，加上美国经济一直持续疲软，国际上要求人民币加速升值的呼声也日益强烈，特别是进入 2007 年以来，美元对人民币汇率升值步伐有所加快，至 2007 年底，美元对人民币汇率已突破 7.2 元人民币。由于货币升值一直以来都是新兴资本市场股市长期走牛的基础，因此，人民币的升值必将吸引越来越多的国际资金通过各种渠道流入我国资本市场，也将推动我国资本市场的更快发展。

三、国际投资的极大发展和外贸依存度的空前提高

近年来，我国对外直接投资（FDI）的引进和输出量都在不断增加。据商务部统计资料显示：2003 年，我国吸引外来直接投资 535 亿美元，成为全球 FDI 最大的流入地区；2004 年，吸引外来直接投资近 600 亿美元；至 2005 年底，外商对华投资累计设立企业 54 万多家；合同外资金额近 1.2 万亿美元，实际使用外资近 6 000 亿美元。这一切都促进了我国开放型经济的形成，推进了我国经济的跨越式发展。与此同时，我国本着“请进来，走出去”的发展原则，2005 年，与世界上 220 多个国家和地区建立了经贸合作关系，从事对外投资的企业达 3 万多家，2006 年末，全国新设立外商投资企业41 485家，实际使用外资金额 695 亿美元；而截至 2007 年 12 月底，全国新批准设立外商投资企业共37 888家，同比虽下降 8.67%，但实际使用外资（含银行、证券业）826.58亿美元，同比增长 18.93%，继续保持快速增长。中国企业的对外投资已具相当规模。累计非金融类对外直接投资近 500 亿美元，初步形成全方位、多层次、宽领域的格局，企业的跨国经营能力逐步提升，经济效益和社会效益明显提高。据全球知名的科尔尼咨询公司发布的2005 年度 FDI 信心指数显示：国际资本投资首选中国，印度次之，美国第三。

遍布全球的跨国公司推进了我国生产全球化。我国企业在世界市场上获取的巨大利润不仅极大地推动了经济的快速增长，而且也有力地推动了世界经济的发展。当前国际分工格局呈现多元化态势，跨国公司的生产不仅从事纵向的垂直分工，而且从事横向的水平分工；不仅进行传统的产业内分工，更向全球性的生产网络格局发展。从西方国家的跨国公司发展来看，长期以来，跨国公司将中国看做具有巨大发展潜力而非可以立即获利的市场。现在，我国不仅是多数跨国企业快速增长收入的来源之一，还是利润增长的源泉。因此，我国继续延续向世界经济增长发动机转

变的势头与这些跨国公司及其股东们变动休戚相关。

与此同时，作为一国进出口总额与国内生产总值之比的对外贸易依存度，是判断一个国家对外开放程度的重要指标，它体现了一国经济在对外贸易的地位、重要性或对外的依赖程度。随着我国经济全球化的发展，世界和各国经济的外贸依存度都在不断提高。而我国经济的外贸依存度在近年来则一直位于世界前列。据国家统计局资料显示：2002 年我国的外贸依存度为 48.9%；2003 年为 64%；2004 年为 75%；2005 年高达 80%，这一比例已远远超过其他国家的水平，远高于美、日、德、印。2006 年虽然回落至 63%，但仍然保持较高的水平。

四、科学技术环境的改善

众所周知，一个国家要繁荣富强，就必须不断采用先进的生产方式以创造强大的社会生产力，而先进生产方式的灵魂就是自主创新能力。进入 21 世纪，科学技术发展日新月异，科技进步和创新日益成为增强国家综合实力的主要途径和方式，依靠科学技术实现资源的可持续利用、促进人与自然的和谐发展日益成为各国共同面对的战略选择。科学技术作为核心竞争力日益成为国家之间竞争的焦点。

纵观我国现代信息技术在资本市场和金融领域的运用，进入 21 世纪以来，计算机网络、通信技术的日益发展和融合，尤其是因特网的普及应用和费用下降，对传统经济交易观念和行为产生了巨大的冲击。特别是电子信息技术在资本市场和金融领域的运用，大大增强了市场一体化的进程；广泛应用的现代信息技术，逐步实现了资本市场特别是金融业务的自动化、综合管理信息化和客户服务全面化；并实现了资本市场业务的有效延伸，电话金融、网络金融可以及时处理各类业务，实现资本市场交易的无现金流通。据证监会和银监会的资料显示：自 1998 年 2 月以来，招商银行推出“一网通”服务，成为国内首家推出网上银行业务的银行。之后，各家银行纷纷加快自己的网上银行的建设进程，到1999年11月底，中国银行、中国建设银行和中国工商银行等几家商业银行也先后推出了网上银行业务。通过互联网进入网上银行，企业可以实时了解财务运作情况，及时调度资金；客户可以享受账务查询、自动转账、财务分析等服务；采用浏览器方式，客户可以在任何一台电脑上直接进行股市操作、购物和消费。网上银行在发展初期已经逐渐显示出它强劲的实力。据统计，截至2000年初，招商银行网上银行共发展了4 000余家企业用户和6万多家个人用户，已进行了100多万笔网上交易业务，交易金额近1 000亿元。为了加快信息化的发展步伐，2000年3月15日，招商银行又率先在深圳推出国内第一个“手机银行”服务业务；随后，招行、中行和工行分别与中国移动通信公司合作，将集财务查询、转账、缴费、理财、证券行情及买卖、外汇实盘买卖等功能于一体的“手机银行”服务推向全国。这种“掌上银行”采用最新的STK中文短信息技术，客户无须拨打电话，在手机屏幕上即可进行个人理财操作。所有操作均有全中文菜单提示，直观、简便，且不受地域限制。据不完全统计，截至2007年底，资本市场和银行金融的电子化覆盖率已接近100%。正如比尔·盖茨曾经预言，如果21世纪的银行没有融入电子化的洪流，那么等待它的将是恐龙式的灭绝。追随新技术的革命，我国的金融业在不断创新着服务方式，这种变化不仅给我国金融业本身带来了竞争力的提升，更重要的是它正改变着中国人的生活方式。

总之，经济全球化的发展创造了中国的经济奇迹，市场规模的不断扩大带来了市场宪法秩序的变迁，巨大经济收益的背后也蕴藏着巨大的风险，这一切都为我国衍生金融工具会计制度的供求带来了极大的可能。

第二节　我国衍生金融工具会计制度供求诱因

一、反倾销案的会计诱因

由于经济全球化表现出来的国际经济规则主要是反映发达国家意志，因此在经济全球化为我国实现经济腾飞带来机遇的同时，我们应该清醒地认识到，经济全球化对国家的经济安全甚至国家安全也带来了全方位的挑战。特别是随着我国加入 WTO，关税限制逐步取消，我国与外国站在了同一国际舞台上，不仅中外之间各项经济贸易往来更加频繁，而且我国资本市场也极易受到国际市场波动的影响，金融风险急剧增加，经济命脉有可能被跨国公司控制，一些发达国家利用在经济全球化中的优势地位，以种种理由对中国进行百般刁难，甚至经济剥削。这导致了国家之间的贸易摩擦不断升级，也加剧了国际的经济摩擦和政治摩擦。据商务部统计显示：目前，我国已成为世界上反倾销、反补贴和贸易保障措施的最大受害国。根据 2006 年世界贸易组织发布的《2006 年反倾销调查报告》统计资料显示：从 1995 年至 2006 年底，在世界范围内共有 3 044 起反倾销立案调查，其中最终被采取反倾销措施的有 1 941 个，所占比重约为 63. 8%。而自 1995 年以来，中国遭受的反倾销调查数量位居世界第一，共有 536 起，占世界总数的 28%，仅 2006 年一年国外对我国发起的反倾销案就高达 96 起。韩国遭受的反倾销调查数量位居第二位，共 229 起。第三位是美国，共 175 起。中国台湾地区 173 起，位于第四。在超过 100 起的国家中只有俄罗斯来自欧洲，而欧盟以 63 起位于第 16 位。从调查的结果，也就是被采取反倾销措施的案件数量来看，中国以 375 起位列第一，占其被调查的比重达到 70%，远远高于位居其后的韩国与美国等。其中，发展中国家遭受反倾销措施的案件为 1 232 起，约占总数的 63. 5%。引发反倾销案增加的原因是多方面的，但其中一个根本原因是，随着各国经济在1997年金融危机后的复苏与不断发展，广大发展中国家的出口产品以其低价格越来越多地进入世界市场，从而对别国的国内市场造成冲击。以中国为例，根据WTO官方网站所提供的数据，2003年后的四年中，基本上维持了每年遭受反倾销措施40项的较高水平。中国产品的主要竞争力即在于价格——中国出口欧盟的化纤布价格仅为0.9美元，远远低于日本的3.29美元与韩国的1.94美元；中国出口印度的绸缎价格低于其他出口国家价格的25%；2005年，中国出口的鞋类产品占世界市场的60%，平均每双售价仅为2.7美元，只有西班牙的1/5，意大利的1/12。“中国制造”凭借其廉价劳动力带来低价格的优势走向世界，却难以摆脱反倾销的纠缠。从某种程度上来说，这已不仅仅是中国所面临的问题，也是很多发展中国家都面临的问题。而我国在遭受的反倾销案件的调查中，国际会计准则的执行与否又成为反倾销调查的理由之一，由于许多国家的反倾销法中都是以出口企业是否执行国际会计准则作为其获取市场经济地位待遇的标准之一，而我国会计准则国际化程度由于存在时滞现象以及我国会计准则的非国际化标准加大了企业特别是出口企业的交易成本，不少发起反倾销调查的国家借口中国由于没有按照国际会计准则进行会计规范，导致企业核算的会计成本严重偏离实际成本而造成信息不实来进行刁难，这一切严重制约了我国经济的正常发展。同时，外贸依存度高的现实告诉我们，我国在向世人展示贸易大国的形象背后，经济发展也面临着巨大的国际风险。如果我们按照国家化的会计规则，而不及时赶上国际化的会计改革大潮，势必会有更多的借口会计规则不一致而通过反倾销阻碍我国贸易发展的事件发生，也势必会面临更多的风险和损失，从而制约我国经济持续有效地发展。

二、中航油事件回放

中航油（新加坡）是在新加坡证券交易所主板挂牌的中国海外上市公司，其母公司为中国航空油料集团公司，陈久森担任执行董事兼总裁。早在1997年中航油（新加坡）恢复营运之初，就通过大幅度降低采购成本，逐步实现对中国进口航空用油的垄断，而降低成本的一种重要方式就是借助期货实现“低买高卖”控制大量采购风险。可以说，如果不进入期货，就难有中航油（新加坡）后来的成功。但中航油（新加坡）也由此在石油衍生品期货交易道路上越走越远。2001年11月，中航油（新加坡）上市，其招股书上就已经将石油衍生品交易列为业务之一。2002年年报显示，凭期货交易中航油（新加坡）获利颇丰。2003年4月，中航油（新加坡）的母公司中国航空油料集团公司也成为第二批获国家批准有资格进入境外期货交易的企业。从2003年下半年开始，中航油（新加坡）就大规模地进入石油期权交易市场。到年底的盘位是空头200万桶，而且获得了可观的利润，其风险投资收益占利润总额的65%以上，其中主要就是卖出期权的收益。石油期权是期货交易的一种但也略有不同。由于新加坡的期货交易为场外市场，交易基础是双方的信用。许多业内资深人士指出，做期权而且做空头，纵使交易量不是很大，也是违规与冒险的。但从此时起，中航油（新加坡）已然涉身险地，这已经是明目张胆的投机而非国家批准的套期保值。2001年6月由中国证监会、国家经贸委、外经贸部、国家工商总局和国家外汇管理局联合颁布的《国有企业境外期货套期保值业务管理办法》曾明确禁止投机交易。但总裁陈久森在给有关方面的汇报材料中写道：“中航油（新加坡）在2001年就已经开始期权交易，这在《公司章程》、《招股书》、《股东通告》、《股东关联交易》和《风险管理手册》等公司法律性文件中得到多次确认。尤其是在《招股说明书》中，在业务类别里对投机期权作了专门解释：‘在套期保值之外，将基于交易员的经验和分析进入投机性的衍生产品交易以从预期的市场变动中获得收益。'"“公司每年向集团呈报的以美元计算的《审计报告》版本中，都对各种石油衍生品业务做了披露；经董事会和航油集团批准对外公告的公司年报里，也专栏列明了期权交易。”这便形成了中航油（新加坡）业务范畴里的灰色地带，即作为国有企业不得进入，但作为上市公司却可合理进入的期权投机业务。同时，在刚开始涉足石油衍生品期货交易之初所获得的丰厚收益也使得公司高层管理人员心中产生一种观念：石油企业进入期货和期权的必要性不可置疑。然而，幸运之神并不是一直眷顾着中航油（新加坡）在期货（权）市场上的投机。2004 年第一个季度公司就出现亏损。由于交易员在头两个月继续卖空，而石油价格一路上涨，3 月底，纽约轻油突破了每桶 28 美元，达到了 13 年以来的最高点。到 3 月 28 日，中航油已经出现了 580 万美元的账面亏损。此时，摆在中航油（新加坡）面前的路有三条：一是斩仓，把亏损额限制在当前水平，账面亏损由此转为实际亏损。二是让期权合同自动到期，账面亏损逐步转为实际亏损，但亏损额可能大于也可能小于当前水平。三是展期，如果石油价格下滑到中航油（新加坡）卖出价格，则不至于亏损并因此赚取权利金；反之，则可能产生更大的亏损。在交易员和风险管理委员会的建议下，中航油（新加坡）选择了展期，由此在期权交易中盘位大增。两天后，公司公布 2003 年年报，全年盈利 3 289 万美元，股价冲至 1.76 新元高位。账面亏损虽然消失了，然而油价并没有停止上涨的步伐。为了翻本，盘位随即放大，到 2004 年 6 月，因期权交易导致的账面亏损已扩大至 3 000万美元。此时，公司管理层大部分人仍然觉得可以展期持仓，而陈久森则再次同意把所购期权的到期时间全部后挪至 2005 年和 2006 年。这种做法已远远超过了《国有企业境外期货套期保值业务管理办法》只允许炒 12 个月期货的上限，交易量进一步放大。从 2004 年 7 月到 9 月，随着油价的上涨，公司继续加大卖空量，整个交易已成豪赌。到 2004 年 10 月，其持有的期权交易总量已达到5 200万桶，远远超过了过去每年的实际进口量。这些合约绝大部分都分散在2005年和2006年的12个月份，其中2006年3 412万桶，占总盘位的79%。油价在大幅度上升，公司需要支付的保证金也在急剧上升。10月以后，纽约交易所的油价在突破每桶50美元之后继续上行，中航油（新加坡）从当年38美元出货调整到2006年的平均43美元。此时已势如骑虎，因现金流量耗尽而身陷绝地。2004年10月10日，账面亏损达到1.8亿美元。其持有的2 600万美元流动资金、原准备用于收购新加坡石油公司的1.2亿美元银行贷款以及6 800万美元应收账款，全部垫付了保证金。此外，还要填补8 000万美元保证金的缺口。然而，在弹尽粮绝之际，中航油（新加坡）仍未考虑收手，还向在北京的总部集团公司请求资金支持。2004年10月15日，油价曾一度跌至每桶45美元，已较为接近中航油（新加坡）卖出期权的平均价格，但中国航空油料集团内部就此事的处理意见出现严重分歧，没能及时斩仓，又一次错过了降低损失的机会。2004年10月20日，中国航空油料集团提前实施了原本准备在年底进行的股份减持，将所持75%中航油（新加坡）股份中的15%折价配售给部分机构投资者。然而，无论是中国航空油料集团还是中航油（新加坡）都没有向买家披露已因卖空期权将面临上亿美元的亏损。配售以购买新加坡石油公司股份的名义进行，配售筹得1.08亿美元悉数贷给中航油（新加坡）用于补仓。市场是无情的，油价继续攀升。2004年10月26日，其在期权交易中最大的对手日本三井能源风险管理公司正式向中航油（新加坡）发出违约函，催交保证金。在此后的两天中，又因被迫在WTI轻油55.43美元的历史最高价位上实行部分斩仓，账面亏损第一次转为实际亏损1.32亿美元。至2004年11月8日，再度被逼斩仓，又增加亏损1亿美元。然而，即便到此时，公司既未索性斩仓止损，亦未披露真实情况。2004年11月12日，在新加坡公布的第二季财务状况中，仍自称"公司仍然确信2004年度的盈利将超过2003年，从而达到历史新高"。截至2004年11月25日中航油

（新加坡）继续遭受逼仓，实际亏损已经达到3.81亿美元，相比1.45亿美元的净资产已经是技术性破产。直至此时，中航油（新加坡）仍未正式公布真相，7 000多个小投资者仍被蒙在鼓里，但机构投资者当中的先知先觉者亦不乏其人。此后，公司的股价一直在下跌，至2004年11月27日周五收市，股价已跌至每股0.956新元，比一个月前向公司配股时跌了四成。2004年11月30日，公司向新加坡交易所申请停牌。12月1日正式对外公告实际亏损约3.9亿美元，账面亏损约1.6亿美元，并向新加坡高等法院申请破产保护令，市场一片哗然。至此，一个被誉为“走出棋盘上的过河尖兵”的明星国企瞬间濒临破产。①

中航油事件不禁引起人们的深思，国际衍生品尤其是石油衍生品的期货（权）市场风险非常大，如果缺乏对衍生金融品的正确认识，盲目追求利润而忽略利润背后隐含的巨大风险，则势必导致失败。中航油企业由于忽视了衍生金融产品的“双刃剑”风险特性，成为国际石油衍生市场的“牺牲品”。同时，中航油事件也告诉我们，在我国特有的体制下，国家就是一个最大的企业，国家作为国有资本最大的拥有者，其存在和发展的经济目的就是盈利，就是要不断提高经济运行的质量和效益。随着国家资本投入的不断加大，海外市场投资的不断增多，如何实现国家收益最大化，同时又要有效防范并降低潜在的风险，是国家这个最大的投资者必须面对的严峻现实和考验。

① 本部分参考陈晓敏、胡玉明等．中航油事件：市场失败还是制度失败．财会通讯，2006（6）。本部分还参考了与该案例有关的相关报道。关于中航油的失败，不少学者对此进行了研究，有的基于内控管理的视角，有的基于薪酬激励的视角，本书回放该案例主要是基于衍生金融风险的视角，说明衍生金融品的运用不仅存在着收益，也存在着巨大的风险，风险的巨大危害性最终会导致企业的衰亡。

第三节 我国衍生金融工具会计制度的战略供求和结果展示

一、衍生金融会计制度的战略供给与需求

近年来，我国市场经济得到不断深入的发展和完善，据《2005中国市场经济发展报告》① 指出，我国经过近30年的改革开放，市场化程度已经大大提高。2002年和2003年我国经济的市场化指数分别为72.8%和73.8%，不仅超过了市场经济临界水平（即市场化指数为60%），而且属于快速发展的市场经济国家，估计在未来我国经济的发展中，市场化程度还会进一步提高。因此，作为以市场制度为基础所建立的会计制度体系也必须适应经济市场化程度的要求。特别是随着我国加入WTO，我国经济全球化进入了一个新的发展时期，经济发展无论是在广度上还是在深度上都快速地融入了世界经济体系中，对外开放水平不断提高，科学技术日新月异，进出口贸易保持快速增长，国际贸易总量稳居世界第三位，国际上资本市场的占有量也大幅度提高。会计作为沟通国际交流的语言，越来越凸显其重要性。语言不通，无法打交道、做生意、谈合作，国家之间不同的会计标准会引发世界范围内的经济萧条或经济衰退。更重要的是，在全球经济一体化程度不断加深的同时，金融危机也会不断产生，据统计资料显示：自20世纪90年代以来，美国每年倒闭上百家银行，金融危机不再是单个国家的问题，一旦一个国家或地区发生金融危机，必将波及全球经济的稳定和安全，甚至会阻碍世界经济发展的脚

---

① 北京师范大学经济与资源管理研究所．2005中国市场经济发展报告．北京：中国对外经济贸易出版社，2005

步，并引发世界范围内的经济萧条或经济衰退。为了防范这种风险，信息透明度成为全球关注的焦点之一，而会计信息透明度则是其中重要的方面，高质量的会计标准是使会计信息透明度提高的重要基础。会计信息作为金融稳定的重要基础信息，提供会计信息的全球统一标准已成为人们普遍接受的观念。因此，从国家战略需求的角度出发，我国迫切需要一套公认的、一致的、科学的会计标准来规范企业会计行为，确保生成公开透明、高质量的会计信息，以促进企业的国际经贸交流和投融资活动。同时，随着我国经济与世界经济相互联系、相互依存和相互影响程度的日益加深，迫切需要我们从深化经贸合作、维护国家利益和谋求长远发展的大局出发，在认真总结我国会计改革实践经验的基础上，大胆借鉴国际通行规则，不断完善会计制度，为深入实施"请进来"和"走出去"战略，扩大合作互利、实现共同发展提供标准趋同、可比互通的统一信息平台，进一步优化我国投资环境，全面提高对外开放水平。更重要的是，考虑到我国经济在国际舞台中正扮演着越来越重要的角色，会计作为反映和监督经济活动、服务经济发展的重要基础，也应走上国际舞台，发挥其应有的作用。这是一项具有战略意义的系统工程。而会计制度的提供是其中一项重要的基础性工作，因此，我们有必要从促进与国际趋同的会计战略入手，提高我国会计的国际话语权，推动我国会计的规范化和国际化。这样也可以在一定程度上满足社会公众利益的需要，因为会计信息质量的高低直接影响投资者对资本市场的信心，直接影响社会公众的切身利益。以提高会计信息质量、服务投资者经济决策为目标，按照国际会计惯例设计的会计确认、计量和报告标准，不仅可以使会计制度本身更加科学，更符合国际规范，而且有利于进一步强化对信息供给者的硬性约束，有利于维护投资者的知情权，有利于社会公众作出理性选择，从而为维护自身合法利益提供更好的制度保证。正是在这样的背景下，我国政府为了满足国家进行宏观经济管理、满足国家战略性需求而进行新会计准则的制度系统供给。而衍生金融工具会计制度在我国的供求则是协调国际会计准则中的一项会计制度规范。鉴于我国在经济全球化进程获取高额收益的同时，也存在巨大的潜在经济危机风险，特别是我国特有的体制结构，决定了这些存在着巨大潜在风险危机的企业在相当大程度上属于国有企业，在我国深化国有企业改革的进程中，一大批国有大中型企业在境内外资本市场成功重组上市，国有企业经营机制发生了深刻的变化，一旦国有企业发生危机，损失的将不只是这些企业，更直接的受害者将是国家。前述回顾的中航油事件就是最好的例证。众所周知，随着生产要素的相对价格发生变化，利益主体必然会从自身利益出发利用各种方法降低成本，除了攫取相对价格较低的生产要素改进生产技术外，还需要依靠公共资源——会计信息的获取来降低成本，以使国家企业生产的个体成本低于国际社会成本，国家个体收益高于国际社会收益。因此，代表权力机构的政府客观上就会需要有一系列的包括衍生金融工具在内的制度来实现这一目的，并通过制度的安排来配置稀缺资源和规范企业的生产行为，而衍生金融工具会计制度就是权力主体进行会计制度战略供求系列中一项具体的、技术性的制度安排，权力主体通过趋同国际会计准则，一方面可以有助于实现和谐世界建立的政治选择和战略选择，借助国际会计准则趋同的行为选择，尽可能减少并降低我国经济全球化过程中交易的成本，另一方面也可以通过"趋同"回来的会计准则形式来规范企业的"技术处理"过程。

从理论上说，衍生金融工具会计制度作为我国与国际会计准则趋同的产物，其制度供给比原生金融工具会计制度的供给内容更加丰富，对存在的衍生金融交易过程的反映更加客观，在对企业的风险监控上能反映理论风险水平；同时，衍生金融工具会计制度的供给在一定意义上可以加强对企业（目前主要是上市公司）信息披露的及时性、准确性、完整性的监管，可以消除利用会计信息披露进行市场操纵的现象，使具有信息优势的操纵者难以利用这种优势获利，达到遏制和打击市场操纵行为的目的。

二、制度供求的结果展示

出于权力主体对我国会计制度系统，包括衍生金融工具会计制度供求的战略考虑，从2005年年初开始，我国在总结以往会计制度供求变迁经验的基础上，顺应我国资本市场经济发展对会计行为提出的新要求，借鉴国际财务报告准则，全面启动了企业会计准则的建设。会计准则体系建设是会计制度体系中一项专业技术性较强、社会影响面广泛的系统工程，是夯实企业发展基础、规范游戏规则、完善市场经济体制的重要保证。为了确保会计准则的高质量、规范企业会计行为、提高会计信息质量，财政部为系列准则的颁布，包括衍生金融工具会计规范系列的内容，首先着手进行了专门课题的研究，由于会计准则从理论上分析应是会计实务的提纯，是会计理论的延伸，对会计准则理论问题研究的深度和广度决定着会计准则的质量和效用，因此，财政部通过聘请会计准则委员会各位委员和部分咨询专家，分别主持了数十项针对性较强的会计准则研究课题，所有准则起草人员全部参与其中，并要求进行研究报告的破题，为保证准则的重点把握奠定了稳定的基础。然后，征求意见，广开思路。在准则的起草过程中，通过广泛征求会计准则委员会、技术专家、财政部内外部委及社会各界的意见，进行了广泛沟通，以保证准则的质量。还选择了部分有代表性的上市公司、大中型企业和会计师事务所，就准则的要求进行交流和探讨，并选择部分企业进行模拟测试，及时掌握准则情况，提高准则的针对性和可操作性。经过上述措施的采用，财政部于2005年陆续颁布了具体会计准则的征求意见稿，其中包括2005年9月23日发布的《金融工具：确认和计量》、《金融资产转移》、《套期保值》和《金融工具：列报和披露》等与企业衍生金融业务密切相关的会计准则征求意见稿，2006年2月15日，财政部在正式意见稿的基础上，正式颁布了由1项基本准则、38项具体准则和应用指南构成的企业会计准则体系（见附录第三章表3.1），并要求2007年1月1日在上市公司施行。目的是实现我国准则的国际趋同，其中包括了与衍生金融工具会计规范相关的制度①。具体见下表。

与衍生金融工具相关的会计准则

准则编号	准则名称
CAS2	长期股权投资
CAS8	资产减值
CAS11	股份支付
CAS18	所得税
CAS19	外币折算
CAS20	企业合并
CAS22	金融工具：确认和计量
CAS23	金融资产转移
CAS24	套期保值
CAS33	合并财务报表
CAS36	关联方披露
CAS37	金融工具：列报
CAS38	首次执行企业会计准则

这套由我国权力机构供给的金融工具会计系列制度，其内容核心主要是规范传统的原生金融工具，同时围绕衍生金融工具进行了业务规范，要求企业将部分衍生金融工具纳入表内核算并按公允价值进行计量，相关公允价值变动计入当期损益或所有者权益；企业如开展套期保值业务可以选择使用套期会计方法，但需要符合严格的条件，对公允价值套期、现金流量套期和境外经营净投资套期等区分进行会计处理；企业会计处理应当根据单项金

① 财政部. 企业会计准则2006. 北京：经济科学出版社，2006

融工具的特点和相关信息的性质将其进行适当归类，以揭示金融工具特别是衍生金融工具的潜在风险，针对金融工具会计系统，特别强调金融工具和衍生金融工具会计信息披露的重要性，具体来说：根据财政部第 37 号准则《金融工具：列报》的第三章要求：涉及衍生金融工具财务信息披露的基本金融工具披露要求包括在第 14 条款至第 45 条款，涉及内容之多、面之广是前所未有的，其中 37 号准则规定：

第十四条　金融工具（含原生金融工具和衍生金融工具）披露，是指企业在附注中披露已确认和未确认金融工具的有关信息。企业所披露的金融工具信息，应当有助于财务报告使用者就金融工具对企业财务状况和经营成果影响的重要程度作出合理评价。

第十五条　企业应当披露编制财务报表时对金融工具所采用的重要财务政策、计量基础等信息。

第十六条　企业应当披露金融资产或金融负债的账面价值。

第十七条　企业将单项或一组贷款或应收款项指定为以公允价值计量且其变动计入当期损益的金融资产的，应当披露下列信息：

①资产负债表日该贷款或应收款项使企业面临的最大信用风险敞口金额，以及相关信用衍生工具或类似工具分散该信用风险的金额。信用风险，是指金融工具的一方不能履行义务，造成另一方发生财务损失的风险。

②该贷款或应收款项本期因信用风险变化引起的公允价值变动额和累计变动额，相关信用衍生工具或类似工具本期公允价值变动额以及自该贷款或应收款项指定以来的累计变动额。

第十八条　企业将某项金融负债指定为以公允价值计量且其变动计入当期损益的金融负债的，应当披露下列信息：

①该金融负债本期因相关信用风险变化引起的公允价值变动额和累计变动额。

②该金融负债的账面价值与到期日按合同约定应支付金额之

间的差额。

……

第二十五条　企业应当披露与每类套期保值有关的下列信息：

①套期关系的描述。

②套期工具的描述及其在资产负债表日的公允价值。

③被套期风险的性质。

第二十六条　企业应当披露与现金流量套期有关的下列信息：

①现金流量预期发生及其影响损益的期间。

②以前运用套期会计方法处理但预期不会发生的预期交易的描述。

③本期在所有者权益中确认的金额。

④本期从所有者权益中转出、直接计入当期损益的金额。

⑤本期从所有者权益中转出、直接计入预期交易形成的非金融资产或非金融负债初始确认的金额。

⑥本期无效套期形成的利得或损失。

第二十七条　对于公允价值套期，企业应当披露本期套期工具形成的利得或损失，以及被套期项目因被套期风险形成的利得或损失。

第二十八条　对于境外经营净投资套期，企业应当披露本期无效套期形成的利得或损失。

第二十九条　除本准则第三十一条的规定外，企业应当按照每类金融资产和金融负债披露下列公允价值信息：

①确定公允价值所采用的方法，包括全部或部分直接参考活跃市场中的报价或采用估值技术等。采用估值技术的，按照各类金融资产或金融负债分别披露相关估值假设，包括提前还款率、预计信用损失率、利率或折现率等。

②公允价值是否全部或部分采用估值技术确定，而该估值技术没有以相同金融工具的当前公开交易价格和易于获得的市场数

据作为估值假设。这种估值技术对估值假设具有重大敏感性的，披露这一事实及改变估值假设可能产生的影响，同时披露采用这种估值技术确定的公允价值的本期变动额计入当期损益的数额。

企业在判断估值技术对估值假设是否具有重大敏感性时，应当综合考虑净利润、资产总额、负债总额、所有者权益总额（适用于公允价值变动计入所有者权益的情形）等因素。

金融资产和金融负债的公允价值应当以总额为基础披露（在资产负债表中金融资产和金融负债按净额列示的除外），且披露方式应当有利于财务报告使用者比较金融资产和金融负债的公允价值和账面价值。

第三十条　对于不存在活跃市场的金融资产或金融负债，根据《准则第22号——金融工具：确认和计量》第五十二条的规定，采用更公允的相同金融工具的公开交易价格或估值结果计量的，应当按照金融资产或金融负债的类别披露下列信息：

①在损益中确认原实际交易价格与公允价值之间形成的差异所采用的会计政策。

②该项差异的期初和期末余额。

第三十一条　企业可以不披露下列金融资产或金融负债的公允价值信息：

①其账面价值与公允价值相差很小的短期金融资产或金融负债。

②活跃市场中没有报价的权益工具投资，以及与该权益工具挂钩并须通过交付该权益工具结算的衍生工具。

第三十二条　企业应当披露在活跃市场中没有报价的权益工具投资，以及与该权益工具挂钩并须通过交付该权益工具结算的衍生工具有关的下列信息：

①因公允价值不能可靠计量而未作相关公允价值披露的事实。

②该金融工具的描述、账面价值以及公允价值不能可靠计量的原因。

③该金融工具相关市场的描述。

④企业是否有意处置该金融工具以及可能的处置方式。

⑤本期已终止确认该金融工具的，应当披露该金融工具终止确认时的账面价值以及终止确认形成的损益。

……

第三十四条　企业应当披露与各类金融工具风险相关的描述性信息和数量信息。

①描述性信息：风险敞口及其形成原因；风险管理目标、政策和过程以及计量风险的方法。上述描述性信息在本期发生改变的，应当作相应说明。

②数量信息：资产负债表日风险敞口总括数据。企业在提供该数据时，应当以内部提供给关键管理人员的相关信息为基础。企业运用多种方法管理风险的，应当说明哪种方法能提供最相关和可靠的信息；资产负债表日风险集中信息。风险集中信息应当包括管理层如何确定风险集中点的说明、确定各风险集中点的参考因素（包括交易对手、地理区域、货币种类、市场类型等）、各风险集中点相关的风险敞口金额。

上述数量信息不能代表企业本期风险敞口情况的，应当进一步提供相关信息。

第三十五条　企业应当披露与每类金融工具信用风险有关的下列信息：

①在不考虑可利用的担保物或其他信用增级（如不符合相互抵消条件的净额结算协议等）的情况下，最能代表企业资产负债表日最大信用风险敞口的金额，以及可利用担保物或其他信用增级的信息。

②尚未逾期和发生减值的金融资产的信用质量信息。

③原已逾期或发生减值但相关合同条款已重新商定过的金融资产的账面价值。

第三十六条　最能代表企业资产负债表日最大信用风险敞口的金融资产金额，应当是金融资产的账面余额扣除下列两项金额后的余额：

①按照本准则第十三条规定已抵消的金额。

②已对该金融资产确认的减值损失。

……

第三十九条　企业应当披露金融资产和金融负债按剩余到期日所作的到期期限分析，以及管理这些金融资产和金融负债流动风险的方法。

流动风险，是指企业在履行与金融负债有关的义务时遇到资金短缺的风险。

……

第四十二条　金融工具的市场风险，是指金融工具的公允价值或未来现金流量因市场价格变动而发生波动的风险，包括外汇风险、利率风险和其他价格风险。

第四十三条　企业应当披露与敏感性分析有关的下列信息：

①资产负债表日所面临的各类市场风险的敏感性分析。该项披露应当反映资产负债表日相关风险变量发生合理、可能的变动时，将对企业当期损益或所有者权益产生的影响。

②本期敏感性分析所使用的方法和假设。该方法和假设与前一期不同的，应当披露发生改变的原因。

第四十四条　企业采用风险价值法或类似方法进行敏感性分析能够反映风险变量之间（如利率和汇率之间等）的关联性，且企业已采用该种方法管理财务风险的，可不按照本准则第四十三条的规定进行披露，但应当披露下列信息：

①用于该种敏感性分析的方法、选用的主要参数和假设。

②所使用方法的目的，以及使用该种方法不能充分反映相关金融资产和金融负债公允价值的可能性。

第四十五条　按照本准则第四十三条或第四十四条对敏感性分析的披露不能反映金融工具内在市场风险的，企业应当披露这一事实及其原因。

从形式上看，这些衍生金融工具会计制度的形式供给不仅完善了会计制度的规范体系，而且也为我国衍生金融品的创新与发展奠定了一定的制度基础。更重要的是有效实现了与国际会计准则的战略趋同。

第四节　中外衍生金融工具会计制度供求机制的比较

本章前述内容运用分析对比的方法对我国出于战略需求所供给的衍生金融工具会计制度的供求机制进行了客观性描述，但仅有描述并不能说明中西差异的原因和实质，本节运用新制度经济学的制度供求及制度供求变迁理论，进一步对国内外衍生金融工具会计制度供求机制存在的差异及差异产生的原因进行较深层次的分析，以期能更好地找出制度供求的成功路径，通过分析借鉴以期推进我国衍生金融工具会计制度供求机制的均衡有效发展。

一、制度供求机制的主体不同

比较国内外衍生金融工具会计制度的供求变迁机制，笔者发现，无论是美国会计准则还是国际会计准则，其衍生金融工具会计制度的供求变迁均是建立在衍生金融市场迅猛发展的基础上的，是由代表广大社会群体利益的民间团体、美国财务会计准则委员会和国际会计准则理事会在极大满足社会利益群体的需求下而产生的制度供给，是市场主导下的制度供求机制，是一种自下而上、从局部到整体的制度变迁过程，是较为典型的诱致性制度变迁。而我国虽然在近年来伴随着经济全球化，资本市场国际化浪潮空前高涨，经济得到了一定的发展，在国际市场上，如何争取“会计的国际话语权”是我国面临的十分重要的任务之一。因此，与国际准则趋同是我国会计发展配合国家的战略发展的重要系统工程之一。同时经济全球化也使金融风险日益凸显，在这样的背景下，权力机构作为制度战略供给和需求的主体，进行了包括衍生金融工具在内的与国际会计准则趋同的会计制度供求变迁，由于衍生金融工具会计制度的供求变迁的主体是权力机构，制度的施行是通过行政命令和法律引入而实现的，所以是较为典型的强制性制度供求。这两类制度变迁主体的差别并不是体现在数量上，而是体现在“质”上。诱致性制度变迁主体集合的形成主要是依据社会群体的共同利益和经济原则，而权力机构这个制度变迁主体进行制度变迁的诱因比竞争性组织（或团体）更复杂，更多的是出于某种政治的目的。

二、制度供求的宪法秩序

宪法秩序作为制度供求的外生变量，能深刻影响创立新制度安排的预期成本和预期收益，因而也就能深刻影响对新制度安排的供求。以美国为代表的国外衍生金融工具会计制度的供求机制是建立在衍生金融市场的发展繁荣以及衍生金融宪法秩序稳定的基础上，由较为广泛的社会利益代表的会计职业团体组成的组织结构，结合社会的制度环境对衍生金融工具会计制度进行立项，通过“国际充分程序”的立项起草和制度准则，再经过充分博弈的过程，由代表大多数利益的团体成员通过，产生该项制度的供求变迁。例如，根据国际会计准则委员会的规定，一项会计准则的发布须经过 IASC 理事会 3/4 以上的代表同意才算正式通过，由于 IASC 属于会计职业界的国际组织，供给的准则更多地代表了会计职业团体的利益，因此供给的制度是大家约定俗成应遵循的规则，不具有法律效力。而我国衍生金融工具会计制度与其他会计制度一样属于法规体系的组成部分。根据我国的《立法法》规定，我国法规体系通常由四个部分构成：一是法律；二是行政法规；三是部门规章；四是规范性文件。其中，法律由全国人民代表大会常务委员会通过、国家主席签署颁布；行政法规由国务院常务委员会通过、以国务院总理令公布；部门规章由国务院主管部门以部长令公布；规范性文件由国务院主管部门以部门文件形式印发。因此，由于衍生金融工具会计准则属于会计的具体准则，该具体准则及其应用指南属于规范性文件，财政部以财会字文件印发，是具有法律效力的规范性文件。

三、制度供求机制的优势不同

根据新制度经济学制度供求机制理论，诱致性制度供求机制主要是依据一致性同意原则和经济原则。因此，它在制度供求机制中是较为有效率的形式之一，纵观国际会计准则和美国会计准则中对衍生金融工具会计制度的供求机制模式，无不深刻地感到诱致性制度供求变迁的优势，同时从美国衍生金融工具会计制度供求发展和完善的进程中，也无不感到衍生金融工具会计制度供求总是伴随着衍生金融产品的创新而创新，伴随着衍生金融市场的发展而得到有效的应用和发展。而我国衍生金融工具会计制度供求由于属于强制性制度变迁，其突出优势在于能以最短的时间和最快的速度推进该项制度的供求变迁；在经济无论是国内还是全球范围内都得到迅猛发展的今天，为配合国家的强国战略、配合国家的“请进来”和“走出去”的系统战略工程，由于基础建设十分重要且需求快速发展，而会计作为反映和监督经济活动、服务经济发展的重要基础工作，快速地建立适应国际化需求的会计制度体系对提高我国国际化水平具有重要的战略意义。因此，权力机构配合战略需求，对包括衍生金融工具会计制度在内的会计制度进行“趋同性”的强制性制度供求，权力机构期望以自己的强制力和“权力潜能”等方面的优势降低制度变迁的成本。具体来说，通过与国际会计准则的趋同，一方面可以减少我国衍生金融工具会计制度供求的设计成本，由于衍生金融工具会计制度的供求基本是对国际衍生金融工具会计制度的“引进”，甚至“拿来”，无形中降低了我国衍生金融工具会计制度供求的设计成本，从形式上快速获取制度收益；另一方面也可以减少我国会计制度供求中与国际经济交往和国际会计组织博弈的成本，以迅速完成制度快速供求的战略目标；同时按照我国国情特点，由行政主导供给的衍生金融工具会计制度属于法规体系，具有强制性特点，要求企业必须执行，否则就属于违规行为，情节严重的，还会被追究法律责任，因此，制度的供求还可以减少国家强制供求中与国内利益团体的博弈成本，这样可以快捷地在形式上建立一套既适应国家宏观战略要求又与国际惯例充分趋同的衍生金融工具会计制度体系。

四、制度供求机制面临的问题不同

衍生金融工具会计制度在国外的供求和其他相关会计制度的供求一样，伴随着美国经济乃至世界经济的衍生市场发展而得以有效供求，但在某种程度上也在全球范围内为制度的受益者带来了制度的外部性效应，由此引发国家制度供求的“搭便车”，而“搭便车”的实质是制度受益者使制度供求者的私人收益率低于社会收益率。根据新制度经济学的供求机制理论，诱致性制度供求作为一种自发性制度变迁过程，其面临的主要问题就是制度的外部性效应和“搭便车”问题。制度的外部性源于经济的外部性观点，它是经济主体（包括厂商和个人）的个人活动对他人和社会造成的非市场化的影响。制度的外部性又分为正外部性和负外部性。其中，正外部性是某个经济行为个体的活动使他人或社会受益，而受益者无须花费代价；负外部性则是某个经济行为个体的活动使他人或社会受损，而造成外部不经济的个体却没有为此承担成本。从这个视角出发分析我国衍生金融工具会计制度的供求变迁，实际上在某种程度上就是搭上了国际会计组织或在一定程度上搭上了美国衍生金融工具会计制度供求的“便车”。这种“搭便车”现象，虽然能降低制度供求过程中的设计成本，但是这种成本的降低是建立在别人成本提高的基础上的，必然产生制度供求的负外部性，“搭便车”现象越普遍，整个社会的经济效率就越低。因为“搭便车”者将最终“扼杀”社会的创新者，或承受制度供求弊端所带来的损失。同时，我国对于“趋同”回来的衍生金融工具会计制度在国内市场采用强制性制度供求变迁，必然面临着权力者的有限理性、意识形态刚性、官僚政治、集团利益冲突和社会科学知识局限等问题的困扰，同时也在一定程度上增加了衍生金融工具会计制度的实施成本。

本章小结

本章通过对我国衍生金融工具会计制度供求机制的背景和制度供求动因进行分析，从分析中可知，影响我国衍生金融工具会计制度供求的因素是多方面的，但概括起来主要包括资本市场，特别是衍生金融市场的发育程度、经济要素市场的健全程度、企业制度的创新等。虽然资本市场的发育程度与衍生金融工具会计制度的供求没有直接关系，但资本市场的健康发展对推动整个经济的发展具有不可低估的作用，它将影响到衍生金融工具创新，最终将影响衍生金融市场的建立与发展。我国衍生金融工具会计制度的供求路径是在经济全球化背景下，权力机构对衍生金融工具会计制度供求的预期收益大于预期成本下的战略选择，通过对“反倾销案会计事件”的客观描述和“中航油事件”回放，发现该选择不仅使我国在国际交往中节约了交易成本，而且提高了企业的经济效益，更重要的是为提高我国“会计的国际话语权”，促进我国的战略发展起到了一定的积极作用。

第四章　衍生金融工具会计制度供求的成本收益分析

第一节　衍生金融工具会计制度供求的制度收益分析

诺斯认为，从理论上讲，有许多外部事情能导致利润的形成。在现有的经济安排状态给定的情况下，这些利润是无法获得的，我们将这类收益称之为“外部利润”……如果一种安排性创新成功地将这些利润内部化，那么总收入就会增加，创新者可能在不损害任何人利益的情况下获取收益。戴维·菲尼则认为，制度安排中创新的预期收益是影响制度供求变迁的重要因素，而导致预期收益的来源主要包括资本收益的获得、风险分担、规模经济的实现、交易成本的减少和不完全市场、外部性及行情披露的扭转。资产涨价导致资本收益，而资本收益是提高那些使得财产权更加清楚的制度安排质量，而使收益更加可靠地获得。

由上述分析我们可以看出，制度能够产生收益，而制度产生收益是因为人们在社会经济活动过程中认识到只有共同遵守法律的、经济学的和伦理学的规则和原理，才能够在不影响他人收益的前提下提高自身或团体的利益。这种收益是人们共同遵守规则自主选择的结果。舒尔茨将制度归纳为：降低交易费用，影响生产要素的所有者之间配置风险；提供职能组织与个人收入之间的联系；确立公共物品和服务的生产与分配的框架。并不是说制度本身就能直接产生上述结果，它要说明的也是只有人们共同遵守这些制度，自觉地受这些规则约束，才能产生增进收益的选择，才能增进社会福利。

规则在不断增加的过程中，增量规则能够提高制度收益，但收益增加的幅度避免不了边际递减的规律。规则是对人们的选择集的规范，如果制度是对选择集的限制，那么规则的增加就是选择集的缩小，人们在缩小的选择空间里所取得的收益要比在原来的选择空间里能够取得的收益小，所以限制选择集的制度增量收益呈边际递减的变化趋势；如果制度是对选择集的放开，随着规则的增加，选择集就会变得越来越大，然而在人类的社会活动中，不可能只有个体活动而无集体活动：选择集能够扩大，但不会无限制地扩大。因此，即使是放开选择集的制度增量，选择集扩大的幅度也会变得越来越小，增量规则的收益也是边际递减的。实际上，不可能完全限制选择集的制度创新，也不可能完全放开选择集的制度创新，两种制度创新中你中有我、我中有你，表现出制度收益不大的平稳态势。即使如此，也不能否认制度收益的边际递减规律。

从衍生金融工具会计制度供求的收益分析，由于衍生金融工具特有的“双刃剑”作用，使得衍生金融工具在规避形形色色的金融风险时有了灵活方便、极具针对性且交易成本日趋降低的手段。这对现代经济的发展起了有力的促进作用。也就是说，衍生金融工具起到了传统避险工具无法起到的保值作用，加速了国际资本流动和全球金融资本市场的形成，促进了当代世界经济的发展。可以说，如果没有衍生金融工具，今天的经济运作是难以想象的，但衍生金融工具的发展也促成了巨大的世界性投机活动。目前世界性的投机资本运作的主要手段就是衍生金融工具。衍生金融工具的交易实施保证金制度，在这种交易中的保证金是用以承诺履约的资金；相对于交易额，对保证金所要求的比例通常不超过10%。因而投机资本往往可以支配5~10倍于自身的资本进行投机操作。对于这样的过程，人们称之为“高杠杆化”。据估计，20世纪90年代，国际性投机资本总额超过1 000亿美元，放大5~10倍，则为5 000亿美元~10 000亿美元。无疑，这对金融市场来说是一个极其巨大的收益机遇，同时也面临着巨大的冲击和挑战。衍生金融工具投机成功，可以获得极高收益；投机失败，则会造成严重后果。因此，衍生金融工具会计制度的供求，从理论上说，与之相关的各利益主体都能从其所约束的信息机理中获得收益，并且导致整体收益的增加，以促进主体和个体经济的发展。具体来说，衍生金融工具会计制度供求的制度收益主要有：制度供求一致性的收益；及时性信息反馈的收益；提高制度供求质量的收益；提高报表信息增量的收益；提高衍生金融工具会计制度的供求效率的收益。从我国衍生金融工具会计制度的供求实践中，我们可以清楚地看到，衍生金融工具会计制度的供求与其他相关会计准则的供求机理一致，首先是满足国家的战略供求，从这一点上分析，国家是这项制度的最大受益者，为了能在国际舞台占据重要席位，提高我国会计的国际话语权，衍生金融工具会计制度的供求在政治上极大地满足了我国国际化的进程要求；也就是说，制度变迁的主体在权力选择中考虑到与国际会计准则趋同的预期收益高于预期成本，在这样的条件下，权力主体就会进行强制性的制度供求，哪怕它是形式上的。但是，权力主体在这项制度安排中并不能获取全部收益，因为从理论上说，作为政策的供给部门，权力机构的日常运行所耗费的是全社会的资源，应以社会财富最大化为目标，因此，衍生金融工具会计制度带来的制度供求增益应当归社会享有。权力机构的“收益”就是良好的政绩和社会评价。按照经济学家简森（M. Jeson）的思想，权力机构良好的社会评价是其追求的目标之一，是权力主体最大的收益。其次，在市场经济建设中，会计法制建设必不可少，作为传输信息载体的会计，如果标准不统一、不协调，就会导致企业提供的会计信息不可靠、不可比，作为审计主体的会计师事务所出具的审计报告也就无法对企业的会计信息质量提供合理的验证和保证。这必然会大大增加交易成本，影响市场规范运作和效率。因此，建立高质量的企业会计准则，有利于确保会计信息的真实、可比、有用。这样，报表的利益相关者才会关注企业披露的会计信息，衍生金融工具会计的作用和目的才能由此发挥出来，衍生金融工具会计制度的供给才能实现节约企业的交易成本，从而产生的经济结果是提高经济效益。这也正符合新制度经济学中关于一项制度的供求选择和制度变迁必然按照交易费用最低化来进行的理论。如果没有交易费用的比较，各种制度供求的孰优孰劣就无法确定；用了交易费用这个尺度，不但可以确定制度供求的优劣，而且可以根据交易费用的大小预测制度供求变迁的趋向。交易费用的最低化，也就预示制度供求收益的最大化。从宏观视角出发，则有利于资金有效流动，推动产业升级，避免无效投资和资源浪费，更有利于深化企业改革、金融改革和资本市场的健康发展，一句话，有利于社会收益的提高。再次，衍生金融工具会计制度的供求收益还包括提高制度供求质量的收益、提高报表信息增量的收益。根据高质量的制度标准，作为高质量的制度，首先要有普适性，具体包括：①一般性，制度不应在无确切理由的情况下对个人和情境实施差别待遇，制度应“适用于未知的、数目无法确定的个人和情境”（哈耶克，1973）。②确定性，制度必须是可以认知的，规定是明确可靠的，必须就未来的环境提供可靠的指南。③开放性，制度必须能够便于制定者通过创新行动对新环境作出适时的反应。另外，高质量的制度要有层次性。只有当各种各样的规则形成一个恰当的和谐整体、各种规则系统又形成一个从一般规则到具体规则的层级结构时，制度才能有效地造就秩序，并抑制侵蚀可预见性和信息的任意性的机会主义行为。一般规则可以由内化的道德规范或一般性外在制度构成，较具体的规则可以对许多具体问题进行解释或指南。由此可见，作为规范衍生金融交易行为的衍生金融工具会计制度的普适性是衡量其质量高低的首要指标。如果不能反映各种业务的共性，不能无差别地对待所有的个体或事项，会计准则就很难保持客观、公正和不偏不倚；如果缺乏适当的操作性，表述不清、晦涩难懂，不为大多数会计职业者所理解、认可，会计准则就很难推行实施，即使勉强推行也难以达到规范会计行为和防止机会主义行为的目的；如果不是开放性的，不能对未来的交易、事项作出合理的预测和及时的反应，会计准则就很难适应环境、与时俱进、不断创新。因此，建立包括衍生金融工具会计制度在内的高质量的会计制度体系，财务业绩报告才能够诚实、充分、不偏不倚地披露企业的经营成果，才能给投资者展现企业真实的经营状况，才可以有效降低制度监管成本，同时也可以为监管部门和相关管理部门提供更加科学有效的评判准绳和衡量标准。另外，鉴于报表信息增量有助于对衍生金融工具早期的信息质量和连续的信息质量进行评估，通过用户反馈有利于衍生金融品开发进度的过程改进，报表信息的增量式设计也避免了在衍生金融品开发过程中集成后风险的继承，而且报表信息的增量设计也允许在衍生金融品开发的整体周期过程中需求变化的系统协调，因此，努力提高衍生金融报表信息增量收益，还有利于提高整个企业经济管理工作的质量和效率，有利于提高整体监管收益水平。

总之，衍生金融工具会计制度安排如整体会计制度安排一样，确实能够带来收益，但是这种收益要在该制度的规范下，通过人们的决策和选择才能得到。当一项新制度供给时，人们首先必须接受制度的约束，愿意按规矩遵守制度，并作出符合制度要求的选择和决策，只有这样，制度才能发挥其应有的效益。

第二节 衍生金融工具会计制度供求的制度成本分析

制度成本在新制度经济学中表述为“交易成本”，也称“交易费用”，根据科斯在《社会成本问题》（1991）中的论述：为了进行市场交易，有必要发现谁希望交易，有必要告诉人们交易的愿望和方式，以及通过讨价还价的谈判缔结契约，进行督促契约条款的严格履行等。这些工作常常是花费成本的，而任何一定比率的成本都足以使许多在无须成本的定价制度中可以进行的交易化为泡影。阿罗则把交易费用定义为经济制度的运行成本。

由于制度是人类社会面对稀缺的适应和回应，而在稀缺的制度中，制度本身也是稀缺的。选择一项制度意味着必须放弃另一项可能的制度。因此，对制度的任何选择都是有机会成本的。正如汪丁丁（2005）对制度成本的定义：制度成本只不过是某个实现了博弈均衡对每个参与博弈的主体主观价值而言的机会成本。而这个机会成本是由他所放弃了的那些经由他个人影响可能实现的博弈均衡的最高主观价值所决定的。由于知识结构的道路依赖性，参与博弈的个体通常没有选择博弈均衡的自由；也就是说，所谓“交易费用”或实现了博弈均衡的成本（由每个人的主观价值衡量的成本组成的全体博弈人的向量成本），在大多数情况下是不存在的，所存在的只是一个演进的过程。具体运用于衍生金融工具制度供求中，制度供求成本主要包括制度的设计成本、制度的实施成本、制度的机会成本等。其中，衍生金融工具会计制度安排的设计成本，即制度供求变迁的直接成本，具体表现为制度安排的提供者为了制定相应的政策制度所耗费的各种支出和时间。从理论上说，包括衍生金融工具会计制度在内的会计准则导向着眼于建立一个完整、翔实的会计准则体系，它用大量的具体确认、计量标准及业务处理规范和明确的范围边界，试图编织一张天衣无缝的“准则网”。这就意味着制度导向会计准则的制定过程将是一个费时费力的系统工程。由于需要将所有的可能情况都考虑进去，在会计准则制定之前，需要耗费大量人力、物力去搜集资料、整理资料和进行论证。对于经常性交易，可以较容易地在市场上得到相关的资料和历史数据，而对于新兴行业或新的经营、交易模式，由于缺少可资借鉴的经验数据且交易具有偶发性，常常会给搜集、整理资料工作带来困难。同时，由于缺乏相关的市场环境，迫使有些交易只能通过仿真模拟的方式获得数据，这就使得会计准则的制定成本相对升高。然而，根据前述分析可知，我国衍生金融工具会计制度的供求主要是满足我国在经济全球化背景下，国家进行宏观层面需求的战略选择。因此，所供给的制度体现出成熟市场经济的会计制度供求变迁的轨迹，是一种国际会计制度变迁趋同行为，这种制度变迁趋同行为从战略需求的角度分析有利于促进国际的社会经济交往、增进人们相互间的信任，有助于建立公平公正的国际商业秩序。规范的衍生金融工具会计制度，作为权力机构进行会计治理的工具和手段，有助于在全球资本市场上利益各方顺利签订契约，从而降低交易成本。因此，财政部通过在 2005 年组织并完成了关于衍生金融工具会计制度方面的专题研究，并颁布有关衍生金融工具的会计制度草案，在较短的时间内，通过与国际会计组织的多次交流，引进性地颁布了与国际会计准则趋同的衍生金融工具会计准则体系。从成本的角度进行具体的分析：这些成本费用都应归属于衍生金融工具会计制度安排的设计成本，也是从这个视角分析，我国衍生金融工具会计制度的设计成本相对是较低的；其次，实施衍生金融工具会计制度及制度安排的预期实施成本，即制度变迁的间接成本，包括把各项政策规定传递给各方的费用，具体如制度的宣传费用、制度的培训费用、制度的执行费用、制度的监管费用，以及由于“道德风险”带来的负外部性费用等。为了有效实施政府强制供给的包括衍生金融工具会计制度在内的会计制度体系，财政部牵头相继组织了大规模的培训，并结合全国会计师、注册会计师考试，会计人员后续教育进行制度的宣传学习。可见，衍生金融工具会计制度的实施成本是一定的。实际上，会计制度安排从形式转变为现实的应用，最关键的就是制度安排实施上的预期成本的大小，衍生金融工具会计制度的实施也不例外；理论上说，制度导向会计准则在实施初期具有严格的规范性、明确的范围边界，很多交易事项只需按照规定的方法进行格式套用即可。会计监管部门力图最大限度地规范会计主体的行为，压缩会计操纵的空间。在双方的博弈过程中，体现的是监管部门的主导优势，会计准则以其可靠性和规范化确保其实施成本较低。但是应该看到，一方面，随着会计准则实施的不断深入，对于信息使用者而言，面对不断激增的会计信息，由初始的积极倡导到后来的疲于分析，直至淹没在会计主体所堆砌的“数字迷宫”中，为了透过迷雾重重的会计报告了解企业真实的财务状况、经营成果和现金流量，缺少专业技能的会计信息使用者不得不求助于专门的会计中介机构，而这必将产生咨询成本。同时，由于专业的财务分析需要一定的时间，会计信息的及时性不能得到保证，进而影响信息使用者的决策，导致机会成本的增加。另一方面，对于会计主体而言，作为现代市场经济中的理性人，他们在预先设定的会计准则体系中积极寻找趋利避害的“突破口”，加之会计准则自身存在的不完善和滞后性逐渐暴露，于是制造了一些虚假事项，以符合会计准则的“规定边界”。而此时，对于广大投资者而言，无效的会计信息将产生高昂的“代理成本”。另外，制度导向会计准则涉及很多具体的交易事项和范围边界，一个微小的调整都可能给相关利益集团带来重大经济影响。为了尽可能争取会计准则上的优势地位，各利益集团采取各种方式进行游说、辩论甚至幕后交易，导致摩擦成本的产生，使会计准则制定的时间延长，实施成本进一步提高。而且衍生金融工具会计制度安排存在机会成本。众所周知，使用一种资源的机会成本就是把该种资源投入某一特定的用途以后所放弃的在其他用途中所能获得的最大利益。实际上，机会成本并不是实际成本。它不是作出某项选择时实际支付的费用或损失，而是一种观念上的成本或损失。它是对资源作出一种选择时所放弃的其他若干种可能的选择中最好的一种。同时，机会成本也不完全是由个人选择所引起的。将机会成本用于对衍生金融工具的诠释，即对衍生金融工具会计相关制度没有及时制定出台，由此引起的制度缺失带来的最大损失的诠释。如在我国衍生金融工具会计制度供求机制的建设中，衍生金融市场建设的严重不足、衍生金融专业人才的缺失、衍生金融工具内控制度的缺少等，都会严重影响衍生金融工具会计制度供求的健康发展。

由于涉及衍生金融工具会计制度成本的因素受制于该项制度供求机制特有的模式，在我国主要采用强制性制度变迁的供求模式，因此该制度的成本因素与影响该制度供求的因素是一致的，主要包括知识存量的积累、制度供求变迁的模型、技术的创新与接受以及意识形态的选择等。

第三节　衍生金融工具会计制度供求的成本收益数理分析

对制度供求的成本收益分析，在我国著名的代表人物是樊纲，他在《两种改革成本和两种改革方式》（1993）中指出，制度供求变迁是要支付实施成本和摩擦成本的。强制式制度供求是摩擦成本的增函数，反映为剧烈的社会冲突和对制度供求的漠然或反对。虽然诱致性制度供求变迁从实施成本的角度来看略逊于强制性制度供求变迁，但从改革的阻力所引起的社会摩擦成本来看，诱致性制度供求又明显优于强制性制度供求。邹薇和庄子银（1995）进一步用动态优化模型对制度供求的成本收益进行了分析。他们把改革过程视为一个投资过程，决策者和社会公众预期能从这种制度变迁中有所收益，同时这个过程必然产生一定成本，制度供求过程中收益与成本的比较产生制度供求的净收益，而制度供求净收益极大化的数理表达式如下①：

当 $\mathrm{d}K/\mathrm{d}T = T - \delta k$ 时，

$$\mathrm{Max}\int_0^{\infty}[\Pi(K) - C(T)]e^{rt}\mathrm{d}t$$

其中，约束条件式中 k 表现为时间序列中新增的人均资本量，δ 为折旧率，初始资本状态设为 k（0），T 为制度供求改革中的全部交易成本，也就是对制度供求改革的全部净投入。Π（K）

① 对制度供求机制研究，在已有的研究文献中鲜有将供求过程中的收益成本运用数理模型加以动态化的描述和论证，本部分数理分析主要参考邹薇和庄子银．中国经济改革：一场深刻的制度变迁过程．经济学家，1995（6）。

为决策者从制度供求后预期从社会中取得的收益，它满足 $\Pi'(K)>0$，$\Pi''(K)<0$，$\Pi'(0)=\infty$，$\Pi'(\infty)=0$。而 $C(T)$ 为改革过程中全部交易成本，也就是对一项制度供求变迁过程的全部投入。r 和 t 分别为时间贴现率和时间。

对上述动态方程用汉密尔顿函数求解，得出两个分别反映 T 和 K 随时间变化的路径的微分方程：

$$\dot{T}=[\Pi'(K)-C'(T)(\delta+\gamma)]/-C''(T)$$

$$\dot{K}=T-\delta K$$

为了讨论这个系统在动态化过程中的路径及其稳定性，我们对 T 和 K 表达式加以线性化，得出：

$$\dot{T}=\left[(r+\delta)(T-T^{*})-\frac{\Pi''(K)}{C''(T)}(k-k^{*})\right]=0$$

$$\dot{K}=(T-T^{*})-\delta(K-K^{*})=0$$

考察其系数矩阵，我们可以得到，这个方程组的特征方程的两个特征值 λ_1 和 λ_2 恰好一正一负。从数学原理上讲，这个动态系统是个稳定的鞍点均衡。

同时，方程 $\dot{T}=[\Pi'(K)-C'(T)(\delta+\gamma)]/-C''(T)$ 也表明，由于制度供求变迁所能带来的资本存量 K 较小，相应的边际收益 $\Pi'(K)$ 也较小，与 $\Pi'(K)$ 均等的边际成本的贴现值也较小，则调整成本 T 必须降到较低水平，制度供求变迁才是可行的；反之，由于制度供求变迁所能带来的资本存量 K 较大，相应的边际收益 $\Pi'(K)$ 也较大，因此，与 $\Pi'(K)$ 相等的边际成本的贴现值也较大。这样，即时调整成本 T 上升到较大值，也还是能够满足 $T=0$ 的条件，从数学上讲，这个动态系统达到稳定的均衡状态。也就是说，由制度供求变迁带来的资本存量 K 与交易成本 T 的大小是正相关的，即如果制度供求变迁触及的经济主体、经济活动的面较大，则需要承担的交易成本就较大；反之，如果改革只是小规模的、局部的，则调整成本也较小。如果制度供求在现在与未来的调整成本都大，则诱致性制度供求变迁路径应是一个优化选择过程。

本章小结

衍生金融工具会计制度供给的收益成本分析说明：制度供给者的制度变迁是经过成本收益分析的，如果新的制度安排，其预期收益大于预期成本，制度供给者就会把制度变迁的动机转化为实际行动；反之，如果新的制度安排的预期收益小于成本，制度供给者就不会实行制度变迁。同时，衍生金融工具会计制度供求是配合国家会计制度系统的战略改革而推出的，而会计战略改革的深度、广度、程度，在整体推进中都存在预期收益，同样也存在预期成本，这些都影响国家会计战略改革的路径选择。如果仅考虑预期收益，强制性的改革路径或许更吸引人；而如果考虑预期成本，则应当将静态的定性分析与动态的优化分析结合起来，才能找出适当的改革路径。文中动态分析结果展示，诱致性的改革路径是中国会计改革的恰当选择。

第五章　衍生金融工具会计制度应用状况调查与深层思考

制度均衡是人们对既定制度安排和制度结构的一种满足状态或满意状态，因而无意也无力改变现行制度，它指任何两种现存的具体制度之间都不存在互斥关系，是一种双向适应的均衡（张曙光，1992）。从供求关系的角度看，制度均衡就是当影响人们的制度需求和制度供给的因素一定时，制度的供给适应制度的需求，制度供给和制度需求达到了一致；从社会资源配置的角度看，制度均衡实际上是社会资源配置已经达到了“帕累托改进”。

在经济社会中，制度均衡的形成是一个错综复杂的博弈过程。在制度供给者愿意实行制度变迁的过程中，如果提供的制度在当前的环境下满足了制度需求者对新的制度安排的评价，就可以实现暂时的、相对的均衡；反之，如果制度供给者提供的新的制度安排不能满足制度需求者的需求，就难以实现制度均衡，或者即使通过强制性制度供给达到了制度均衡，也会因利益上的冲突而使新的制度安排低效率，甚至无效。

第一节　衍生金融工具会计制度应用状况调查

一、问题提出

从前述章节的论证我们可知，衍生金融工具会计制度是权力机构为了实现我国会计准则的国际趋同，提高我国会计在国际市场的话语权，以进一步提升我国会计整体水平所迈出的重要步伐，是提高对外开放水平、促进资本市场发展、推进企业改革的一项基础性工作，是完善我国市场经济体制的一项战略举措。该项制度按要求于2007年1月1日起在我国上市公司正式实施，作为权力主体战略选择供给的衍生金融工具会计制度，理论上说，在我国实际施行过程中应该符合市场的实际需求而得到有效应用。然而，笔者在新会计准则颁布实施的近三年调查中发现，市场利益群体对衍生金融工具会计制度的需求表现得十分冷漠，不仅没有学习的欲望和要求，甚至拒绝接受该类准则，这一现象不禁引起笔者对我国衍生金融工具会计制度的战略供求进行思考。在行政主导下供给的衍生金融工具会计制度，在上市公司的应用现状究竟如何？为什么国家出台战略性的制度供给，企业会处于几乎不接受的状态？企业对衍生金融工具会计制度没有需求吗？带着这样的问题，笔者进行了随机抽样的简单问卷调查，并针对有关问题进行访谈。

二、问卷调查及结果分析

笔者采用随机抽样的方式进行了简单的问卷调查（问卷表式如下表）。

表5-1　问卷调查表

尊敬的参与者：

这份问卷的设计是为了研究工作，你所提供的信息将有助于我们了解我们的工作质量。因为只有您可以将工作中体验的正确情况提供给我们，请您坦诚地回答如下问题。

非常感谢您的合作，也非常感谢贵组织与您对本研究的帮助。

衍生金融工具会计制度供求机理研究课题组

下列问题是要询问我国2006年初出台的《新企业会计准则》中关于衍生金融工具会计准则的相关问题，该准则已于2007年1月1日在上市公司执行。请您就所在的企业或您了解的关于衍生金融工具会计制度的应用情况，利用下列量表，针对每一题项选择您认为最合适的数字，若选“其他”项，请说明理由。谢谢！

1. 您所在的企业是：

上市公司 1　　　非上市股份公司 2　　　非股份公司 3

2. 您知道我国出台了《新企业会计准则》吗？

知道 1　　　不知道 2

3. 您知道新企业会计准则中的衍生金融工具会计准则吗？

知道 1　　　不知道 2

4. 如您知道我国出台了《新企业会计准则》或《衍生金融工具会计准则》，知道的途径是：

媒体报道 1　　　单位组织学习 2　　　其他 3

5. 您所在的公司或您知道的公司中有应用衍生金融工具会计业务的吗？

有应用 1　　　没有应用 2　　　不知道 3

6. 您认为企业若没有应用衍生金融工具会计，理由是什么？

没业务 1　　　没要求 2　　　不知道 3

7. 您学习衍生金融工具会计准则时最大的感受是什么？

太难，看不懂 1　　　较难，看懂一点 2　　　能看懂 3

8. 您认为衍生金融工具会计准则在中国有应用的必要性吗？

很有必要 1　　　没有必要 2　　　不知道 3

9. 如您认为衍生金融工具会计准则在中国有应用的必要性，则理由是：

____

10. 如您认为衍生金融工具会计准则在中国没有应用的必要性，则理由是：

____

11. 您对我国推出的《衍生金融工具会计准则》的意见或建议是：

____

12. 针对衍生金融工具会计规范，您认为面临的最大问题是什么？最需要解决的问题是什么？

____

真的非常感谢您抽出宝贵的时间与我们合作。请您再次确认是否有遗漏填答的题项，然后将问卷交给发卷者。非常感谢！

2007 年 12 月 31 日

本次问卷调查通过人工发放方式向各类企业的财务人员共发出问卷 280 份，及时收回问卷 270 份，其中有效问卷 262 份，有效率达97.03%。

围绕衍生金融工具会计制度的供给和需求应用的现状，针对企业对衍生金融工具会计制度的了解情况、学习意愿、应用执行状况、存在问题等12项问题进行设计调查。

根据调查结果显示：

（1）在262个样本中，上市公司的样本有13家，其余为非上市股份公司或非股份公司。

（2）知道我国颁布了《新企业会计准则》的占98.13%，不知道的占1.87%。

（3）知道我国颁布了《衍生金融工具会计准则》的占20.54%，不知道的占79.46%。

（4）在知道的人群中，知道的途径为媒体报道的占89.36%，单位组织学习的占10.64%。

（5）在单位是否有应用衍生金融工具或有应用衍生金融工具意愿（虽然国家没有规定）的回答中，没有应用或没有意愿应用的占95.23%，有应用或有意愿应用的占4.77%。

（6）在没有应用或没有意愿应用的人群中，认为由于没有衍生金融工具会计业务而不应用的占88.76%，11.24%的人认为没有应用是国家没有要求。

（7）为了让被调查人群能对衍生金融工具会计内容有一基本了解，笔者在问卷结束处附录了衍生金融工具会计内容，针对调查问卷展示的关于衍生金融工具会计的内容，调查问题是对衍生金融工具会计内容难易程度进行调查，觉得内容太难，看不懂的占71.44%；较难，看懂一点的占25.13%；能看懂的仅占3.43%。

（8）在回答衍生金融工具会计准则在中国有没有应用的必要性时，90.52%的人回答没有必要，而9.48%的人回答有必要。

（9）认为有必要的理由，主要是国家要求、经济发展等。

（10）认为没有必要的理由，主要是没有衍生金融业务、衍生金融工具会计准则没有用等。

（11）针对衍生金融工具会计准则的供给，39.01%的人认为若国家要求一定执行，建议该准则内容应具体细化；62%的人认为因为没有应用的意义，可以取消衍生金融工具会计准则；55.11%的人认为准则内容应该更容易或更通俗，以便人们了解和学习，建议应加大培训力度。

（12）针对衍生金融工具会计制度：

①您认为面临最大的问题：91.58%的人回答现在衍生金融市场还不健全或没有形成市场；46.08%的人回答面临的问题是只有极少数人知道或需要，建议可推迟执行；33.24%的人回答最大的问题是学习的途径不够宽广，不能接受这个内容；而4.5%的人则回答执行监管困难。

②您认为最需要解决的问题：88.71%的人回答亟须让大家了解衍生金融工具会计规范有什么用；92.38%的人则认为最需要解决的问题是衍生金融工具会计制度应如何应用到实践中去。

以上问卷调查设计虽然简单，但从调查结果我们发现，衍生金融工具会计制度虽然已颁布并由政府要求在上市公司实施近一年，但实施结果并不理想，表现为衍生金融工具会计制度的供给并不是建立在广大利益群体对衍生金融工具会计制度的实质需求上的，大多数（90.52%）被调查者都认为衍生金融工具会计制度对企业没有用；即使是有应用衍生金融工具会计制度的上市公司（4.77%），在被调查的过程中，笔者通过询问访谈了解到，上市公司对衍生金融工具会计制度的应用过程基本是敷衍财政部的要求，所反映的信息基本处于原生金融工具状态。当被问及为什么不进行衍生金融工具会计信息的全面反映，几乎所有上市公司的共同答案是没有衍生金融工具业务，只有两家上市公司回答他们的企业只有认股权证这一衍生金融品，而且规模很小，业务十分简单。显然，衍生金融工具会计制度的战略供给仅表现为形式上的供给，衍生金融工具会计制度的供给不能达到与制度需求的一致性，在一定程度上表现为衍生金融工具会计制度战略供求的不均衡。

三、样本选取与应用情况

针对问卷调查人群对衍生金融工具的认知程度和代表性不足，考虑问卷调查的简化性，笔者又对截至2007年底在我国资本市场上运用衍生金融工具较多的企业进行了分析调查，选择了较有代表性的十四家上市银行在报表中披露的关于衍生金融工具会计准则的执行状况进行了调查分析。

表5-2　十四家上市银行2007年末衍生金融工具信息披露情况表

上市银行	2007年年报信息披露说明
深圳发展银行（000001）	衍生金融资产同比增加1182%，为理财业务平盘所做的衍生产品增加；衍生金融负债同比增加808%，为理财产品中嵌入式衍生工具增加。附注说明中重要性项目披露为概念的陈述；而风险披露表述为：本公司的衍生金融工具交易主要是对本公司持有的其他金融工具提供有效的经济套期，以规避利率风险和汇率风险。管理层认为，因本公司交易性业务面临的市场风险并不大，本公司没有单独对该业务的市场风险作出量化的披露。
浦东发展银行（600000）	使用衍生金融工具，包括以期货合约来降低与经营活动有关的风险。衍生金融工具初始以衍生交易合同签订当日的公允价值进行计量，公允价值为正数确认为资产，负数确认为负债。因公允价值变动而产生的任何不符合套期财务会计规定的利得和损失，直接计入当期损益。
民生银行（600016）	衍生金融工具主要是具有客户背景的利率掉期合约，其市场风险已基本对冲。
招商银行（600036）	仅对衍生金融工具的概念作财务表述，并说明衍生金融工具属于场外交易的衍生金融工具。
华夏银行（600015）	无说明

（续上表）

上市银行	2007年年报信息披露说明
工商银行（601398）	利用衍生金融工具规避汇率和利率风险，衍生产品初始以衍生交易合同签订当日的公允价值进行计量，公允价值为正数确认为资产，负数确认为负债。当某些套期嵌入金融工具与主合同特征和风险不存在紧密关系时，则分拆并单独确认。 本集团正式指定相关的套期关系，有正式的文件记录套期关系、风险目标管理和套期策略。
中国银行（601988）	仅对衍生金融工具的概念作财务表述
建设银行（601939）	仅对衍生金融工具的概念作财务表述
交通银行（601328）	仅对衍生金融工具的概念作财务表述
宁波银行（002142）	本公司使用衍生金融工具，包括以期货合约来降低与经营活动有关的风险。衍生金融工具初始以衍生交易合同签订当日的公允价值进行计量，公允价值为正数确认为资产，负数确认为负债。因公允价值变动而产生的任何不符合套期财务会计规定的利得和损失，直接计入当期损益。
北京银行（601169）	对衍生金融工具的概念作财务表述，衍生金融工具初始以衍生交易合同签订当日的公允价值进行确认，并以公允价值进行后续计量。
南京银行（601009）	无说明
中信银行（601998）	仅对衍生金融工具的概念作财务表述
兴业银行（601166）	衍生金融资产和负债较2006年有较大增长，本公司通过实行严格的衍生品交易定价、重估及风险控制程序，对衍生品市场风险进行有效管理，衍生金融资产和负债公允价值变动对本公司利润影响不大。

从十四家上市银行财务报表披露的对衍生金融工具会计准则的情况分析：在对外公布的财务报告中，没有一个银行在财务报表中进行表内衍生金融工具财务信息披露，即在十四家上市银行的财务报表中没有展示衍生金融工具的财务信息；在财务报表附

注中，大部分上市银行都对衍生金融工具财务信息进行了披露，但披露衍生金融工具业务主要是境外交易业务，在国内存在衍生业务的只有两家且显示的衍生金融业务的交易量也较少；同时，上市银行披露的衍生金融工具财务信息大部分是概念的简单描述，从所披露的衍生金融工具财务信息内容量上看比国家政策要求的披露内容要少得多。

无独有偶，在笔者对该命题进行系统研究的同时，财政部针对新企业会计准则在我国上市企业的执行情况也进行了情况公布，结果显示：截至2008年4月30日，除＊ST威达（000603）和九发股份（600180）两家公司外，沪深两市合计1 570家上市公司（沪市861家，深市709家）公布了2007年年报，其中，非金融类上市公司1 543家，金融类上市公司27家。通过对上市公司公布的2007年年报进行全面深度的分析表明，企业会计准则体系的实施总体上是平稳有效的。大部分企业都按照新会计准则进行操作。如存货准则作为一项新修订的准则，1 570家上市公司中有1 541家发生存货业务，占1 570家的98.15%；发生存货业务的公司均按照准则规定取消了后进先出法。其中，1 521家公司遵循了准则规定的方法并披露了采用的计价方法、各类存货的期初和期末账面价值、用于担保的存货账面价值等信息，占1 570家的96.88%。而金融工具确认和计量准则作为一项新准则。1 570家上市公司按照准则规定对金融资产和金融负债进行了分类，并在附注中进行了披露。其中，353家上市公司持有交易性金融资产，占1 570家上市公司资产总额的1.17%；142家上市公司存在持有至到期投资，占1 570家上市公司资产总额的9.84%；419家上市公司持有可供出售金融资产，占1 570家上市公司资产总额的7.70%，而其中大部分属于原生金融工具的内容。在国内资本市场上运用衍生金融工具准则的只有8家，且业务十分单一。据2008年4月底的数据显示（参见附录第五章表5.1），在资本市场上上市权证指标只有16只，其中深圳证券市场4只，上海证券市场12只。而有十四家上市商业银行的报表资料显示，2008 年第一季末持有的交易性金融资产、衍生金融资产、可供出售金融资产合计占上市商业银行资产总额的 8.62%，其中大部分为原生金融资产。

第二节　衍生金融工具会计制度供求机制存在的问题

一、意愿制度与实际制度供求的不均衡

根据前述的研究分析，我们可以清楚地了解我国衍生金融工具会计制度的供给是基于行政主导下的强制性制度变迁体制，在强制性的制度变迁中，衍生金融工具会计制度和其他会计制度就像其他商品供给中存在意愿供给与实际供给的差异一样，制度供给中也存在实际制度供给与意愿制度供给的不一致性。在我国，衍生金融工具会计制度供给的主体是权力主体，权力主体不仅在政治力量的对比中处于绝对优势地位，而且它还拥有很大的资源配置权力，它能通过行政、经济、法律手段在不同程度上约束非权力主体行为，这就不难推断政府是制度供给的最主要主体，是制度供给的权力中心。而权力中心的制度供给选择往往根据既定的目标函数和约束条件，在宪法秩序所规定的框架内形成政策性的整体蓝图，并据此制定具体的操作规则，这就构成了制度的意愿供给。而新制度规则往往又是通过社会各利益群体来贯彻、执行和实施的，因此，社会各利益群体与权力中心的目标函数和约束条件常常是有差异的，这就会导致实际制度供求与意愿制度供求的不一致。纵观我国衍生金融工具会计制度的供求现状，我们不难看出，由于衍生金融工具的会计制度是国家进行宏观政策调控的战略选择，在我国衍生金融市场发展严重不足的状况下，超越了社会利益群体的目标需求，表现为形式上的供给，在一定程度上超越了市场的实际需求，从而导致衍生金融工具会计制度供

求机制的实质不均衡。

二、制度供给与现实需求环境的不均衡

1. 国内外衍生金融工具的发展现状

要进一步对衍生金融工具会计制度供给与现实金融需求环境不均衡进行研究，首先有必要对目前我国和国外衍生金融工具的发展现状作一客观性了解，以从中得到对衍生金融工具会计制度供求不均衡状况的进一步验证：自20世纪80年代初，我国开始逐步开展衍生金融工具交易业务；1984年，中国银行率先开始从事境外外汇衍生金融交易的代理业务；80年代末到90年代初，由于缺乏相应的金融监管等配套机制，国内曾一度出现地下衍生金融交易猖獗、投机盛行等现象。当时权力机构对投机性的衍生金融交易也没有加以限制；1995年，发生了上海中信、中石化联合公司参加境外外汇期货交易损失惨重的事件；为此，1995年6月，中国人民银行发出通知，禁止国内金融机构随意开展境外衍生金融工具交易业务。而境内的衍生金融工具交易业务产生时间较晚，于1991年才正式推出。交易也一度达到疯狂的程度，但由于太过超前及市场投资者投机心态太重，终因水土不服而夭折。具体参见表5-3：

表5-3　中国衍生金融产品试点一览表

品种	持续时间	内容	交易情况	关闭原因
国债期货	1992年12月—1995年5月	针对1992—1994年发行的大部分二年期、三年期、五年期可流通国债设计的合约	1993年10月25日正式向投资者开放后，1994年发展迅猛，总交易量达到28 000亿元，全国出现空前的国债期货热。	以“327国债事件”为代表的一系列恶性违规事件，导致正常交易无法进行，监管部门宣布暂停。

（续上表）

品种	持续时间	内容	交易情况	关闭原因
外汇期货（注）	1992 年 6 月 1 日—1996 年 6 月 1 日	美元、英镑、德国马克、日元、港币	在当时的双轨汇率制下，外汇期货价格难以反映对汇率变动的预期，加之对外汇现货交易的许多严格的附加条件，买卖难以自由及时地进行，因而缺乏需求，市场交易冷淡。	因交易需求长期不足，1996 年 3 月 27 日，央行和外管局宣布《外汇期货业务管理试行办法》无效。
股指期货	1993 年 3 月 10 日—1993 年 9 月	以深证综合指数为标的的 3、6、9 和 12 月份交割的 4 种合约和深证 A 股指数为标的的另外 4 种合约	投资人认知度较低，成交清淡，最高日成交量仅百余手。由于深圳股市当时规模较小，股价因股票供不应求处于相当高位，股指期货不仅难以发挥避险作用，实际上还成为一种投机性极强的工具。	1993 年 9 月，深圳平安保险公司福田证券部出现大户联手交易，打压股价指数的行为，监管部门宣布停止交易。
认股权证	1992 年 6 月—1996 年 6 月 30 日	以飞乐权证、宝安权证、金杯权证、申华权证为代表	由于定价和机制设计上的不合理以及投资者的认识不足，大多数权证市场反应较为平淡。	1996 年 6 月 30 日后，证券交易所不再有认股权证上市，我国证券交易实行现货交易的观点占据主导地位。

资料来源：根据《中国证券史》相关资料整理。

迄今为止，我国公开交易的境内衍生金融工具种类主要有可转换债券、外币期货、认股权证、国债期货等。除了国债期货外，其他衍生金融工具的交易应该说均未形成市场规模。外币远期和外币互换只是在很小范围内存在，且多以国外交易为主。而在我国衍生金融工具的发展进程中曾经推出的股票指数期货也终因失败而告终。具体来说，从 1991 年始，我国部分上市企业开始发行可转换债券，先后发行的有琼能源、成都工益、深宝安、深南玻等，随后得到进一步发展。1992 年 6 月，我国股市的第一个权证飞乐股票的配股权证在沪市推出。同年 10 月 30 日，深宝安在深圳向老股东发行了我国第一张中长期认股权证——宝安 93 认股权证，发行总量为 2 640 万张。宝安权证一发行就在市场上掀起了权证浪潮，宝安权证价格从 4 元一直炒到 20 元。随着权证存续期的最后临近，加上人们对权证市场的内在机理缺少真正的理解，对价值分析方法和工具知之甚少，权证的交易者的投机心理浓重最终引发了权证价格的暴跌。在随后相当长的一段时间里，权证市场一直处于终结状态。2005 年 8 月，随着宝钢权证的正式上市，阔别近十年的权证市场才重新开闸，截至 2008 年 4 月，在我国资本市场上的权证共计 16 只，其中深市认购权证数量 4 只，沪市认购权证数量 12 只，发行数量约合 85 亿份①。时至今日，可转换债券和认股权证目前均处在市场的交易中。至于外汇期货，1992 年，上海外汇调剂中心建立了我国首家外汇期货市场，并推出了外币期货产品。1994 年，深圳也开展了外币期货业务。由于外币对外币的衍生金融交易风险较低，因此国家限制较少。出于稳定人民币汇率的考虑，人民币对外币的衍生金融交易一向管制较严，因此交易业务较小，市场反应冷淡。而对于我国资本市场上曾经推出的股票指数期货，1993 年 3 月首先在海南证券交易中心推出，但交易清淡。同年 9 月，由于出现大户联手交易，打压股指的事件，政府宣布 9 月底所有股指期货全部平仓停止交易，股指期货也停止了交易。至于在我国衍生金融工具交易中曾经达到较大规模的品种应该算是国债期货。我国国债期货萌芽于 20 世纪 90 年代初，从 1992 年 2 月开始，上海证券交易所开始允许券商自营国债期货交易，并自 1993 年 10 月起向公众开放。由于国债现货市场规模较小，再加上利率非市场化、投机过盛、监管不严等原因，1995 年上半年，国债期货交易市场相继出

① 具体数据资料可详见“附录：第五章表 5.1 国内证券市场数据（2008 年 4 月底）”。

现了由严重违规交易引起的“314 合约交割违规风波”、“327 合约违规风波”和“319 合约违规风波”，在国内外造成很坏的影响。1995 年 5 月，国务院证券交易委员会宣布在全国范围内暂停国债期货交易试点。

简言之，我国的衍生金融工具交易仍属起步阶段，基本上不存在衍生金融市场。据我国金融网站的统计资料显示，目前国内的金融机构，除中国银行进行六月期远期结售汇的交易外，基本不从事国内衍生金融工具的交易。目前，金融机构在境外从事衍生金融工具交易还较为普遍。作为国有的上市金融企业，金融机构出于资产负债管理的目的，通常需要在国际市场上从事一些相关的衍生金融交易，如货币掉期、利率掉期等。国内的大企业为规避外汇等方面的风险，也有一小部分委托银行在国际市场上进行一些套期性的衍生金融交易。而在国内金融市场，虽然 2006 年我国成立了金融期货交易所，但也基本处于原生金融市场和传统衍生品的建设状态，衍生金融市场工具的发展由于品种的单一而造成衍生金融市场的建设存在严重不足，导致衍生金融工具会计制度的供给与市场的实际需求关系出现严重的不对称。

反观国外衍生金融市场的发展状况，近十年间，全球衍生金融市场呈现快速增长的态势。目前，仅美、日、英 3 国衍生金融品的日均交易量之和就占全球日均交易总量的 6 成左右。衍生金融产品创新层出不穷，而其中的股指期货、股指期权在衍生金融品中占有绝对的优势，而且这两年发展势头更猛。自 2000 年以后，股指期权已逐步超过个股期权、股指期货、个股期货等其他衍生金融产品。从 2005 年全球股指期货与股指期权交易量前 10 名的交易所中可以清楚地看出股指期权的龙头地位。位于首位的是亚洲的韩国交易所，其股指期权的交易量在股指期货与股指期权交易量中所占的比例达到 97.86%，而在这前 10 名的交易所中，这一比例超过 50% 的有 6 家，随后的位于第七和第八名的欧洲期货交易所和 OMX 交易所也分别达到了 42.11% 和 34.47%。2006—2007 年，随着股指期权的快速增长，这些数字还在不断地攀升中。以欧洲期货交易所为例，2006 年欧洲期货交易所共完成合约15.26万亿张，比2005年增长了22%；而在2008年的前7个月，欧洲期货交易所完成的合约量已超过17万亿张，超过了历史的发展水平。在成交量迅速扩大的同时，欧洲期交所的业务体系也日渐完备。其上市产品包括股票衍生品、股票指数衍生品、波动率衍生品、交易所交易基金衍生品、利率衍生品和货币市场衍生品共六大类。其中，在各交易品种中，利率衍生品是欧洲期交所最重要的产品。从2000年到2006年，利率衍生品成交量一直占该期交所总成交量的一半以上。另外，欧洲期交所的股指期货、期权等衍生品一直发展较好，已形成全球最为完整的产品体系。而从近处研究分析，以中国香港的权证发展状况为例，我们也可以深刻感受到衍生金融市场的发展与繁荣。中国香港权证市场有近三十年历史，起初，为了提高再融资吸引力，由上市公司发行了股本权证；1988年后，开始出现由券商发行的备兑权证。由于备兑权证条款更加灵活，标的物也不再局限于股票，而可以有指数、基金、货币等形式，因此备兑权证逐渐受到中国香港投资者的喜爱，并渐渐发展壮大。从1997年以后，股本权证渐渐退出市场，中国香港市场超过99%的权证交易额都来自于备兑权证，备兑权证已经成为中国香港市场的主流衍生金融产品。2001年是中国香港权证历史上的里程碑。这一年，香港交易所为了促进衍生金融市场的发展、提高权证交易量，放宽了《上市规则》中有关备兑权证的规定，取消了发行限额的规定，放宽了权证增发的规定，简化了上市文件的内容，提升了权证交易透明度，引进了竞争及更多权证选择。同时也放宽了《交易规则》，规定了备兑权证发行人须为其发行上市的权证引入做市制度，以此来提高流动性。放宽规则后，吸引了更多的发行商积极参与权证市场，投资者参与的积极性也进一步提高。从此，中国香港权证市场迎来了大发展时期。2004年，中国香港以总成交金额664亿美元跃居全球权证交易额第一位。至2006年，中国香港权证交易额更是同比增长了66%，约占中国香港市场整体成交总额比重的19%。以成交金额计算，中国香港权证市场约74%的成交集中于4大发行商；若以百分比计算，比联市场占有率最高，约占市场成交百分比的23%；自2002年起，比联已连续4年成为市场占有率最高的发行商。2004年到2005年，中国香港连续两年稳坐全球权证交易量第一把交椅，交易活跃度不断提高。进入2007年的头8个月，中国香港备兑权证成交平均每日约占港股成交比重的31.4%，跃居全球权证交易的前列。在权证产品结构方面，香港市场也有丰富的衍生金融产品，如封顶认股证、封底认股证、定点回报权证、窗口认股权证、锁定回报权证、知足回报权证等，目的是让投资者有机会提升投资效率。

总之，对比国内外衍生品的发展状况[①]（见表5-4），我们可以深深感受到国外衍生金融市场的发达和国内衍生金融市场建设的严重不足。

表5-4 国内外资本市场衍生金融产品比较表

	国际资本市场衍生金融产品品种	国内资本市场衍生金融产品品种
股票类衍生品种	股票指数、期权指数、备兑权证等	股票权证
债券类衍生品种	浮动利率债券、零息债券、垃圾债券、可转换债券等	可转换债券
资产管理类衍生品种	股权化资产、资产证券化、债务股权互换、无追索权资产销售等	债转股
期货类衍生品种	利率期货、汇率期货、股指期货，以及期权、货币互换、股权互换等	局限于绿豆、有色金属等商品期货
表外业务的衍生金融工具	期货、期权、互换、远期利率协定、各种票据发行工具、信用证、对各种证券增强信用担保等	商品期货、信用证、授信额度等
金融手段衍生工具	借助电子技术的迅速发展，实现金融业与资本市场的电子化、网络化	银行业和资本市场网络化刚刚起步，互相不完全兼容

① 刘丹萍．对我国证券创新产品的监管研究．上海证券交易所课题研究报告，2007

2. 股指期货迟迟没有推出的“秘密”

股指期货作为市场的调节工具，是最常见的衍生金融产品之一，它的推出从理论上分析具有增加现货市场的深度和流动性的特点，由此股票现货市场的剧烈波动可能因此而熨平，具有一定的防范风险的作用。鉴于此，近两年来，伴随着股权分置改革的基本成功，再借鉴国际金融市场的发展现状，我国一直都在为资本市场推出股指期货做准备。2006 年，政府提出要在中国资本市场推出股指期货，该方案一提出，迅速引起了各方的极大反响。在酝酿过程中，政府就计划在 2006 年底至 2007 年初推出股指期货，然而 2006 年过去了，股指期货没有推出，2007 年虽然在市场上多次传出即将推出股指期货的消息，然而等到的是希望——失望——再希望——再失望！2007 年 10 月，证监会主席尚福林在中国衍生金融品大会上表示，目前中国股指期货在制度和技术上的准备已基本完成，推出股指期货产品的时机正日趋成熟。同年 12 月底，又有消息传出：股指期货方案已报国务院，计划 2008 年初将公布股指期货的推出时间，但直至今天，2009 年 6 月，本命题研究即将结题之际，股指期货的推出仍然遥遥无期。由此可见，股指期货何时推出的悬念似乎成了中国股市运行的“风向标”之一，有关股指期货的任何风吹草动，都会引起我国资本市场的强烈反应。那么，原定 2006 年底推出的股指期货为什么没有推出？2007 年、2008 年过去了，股指期货为什么也没有推出？2009 年又如何？至今仍然是未知数！股指期货迟迟没有推出，原因是多方面的。事实上，每个人做事往往都希望把事情做得最好，但往往又事与愿违。股指期货这种衍生品的推出为什么如此“好事多磨”？这不禁引起人们的深思。根据证券权威人士的分析，在我国，股指期货的推出面临一系列重大问题：股指期货推出是否会助长助跌；股指期货是否会被庄家操纵；股指期货的推出是否会像权证一样被爆炒；由于我国目前没有融券制度，因此股指期货推出难以发挥逆向套利的功能；杠杆交易可以一夜暴富；容易造成市场的混乱。归根结底，由于我国衍生金融产品市场的缺失以及投资者风险意识的低下，投机心态大于投资心态，专业人士的分析也不无道理。如 2007 年随着若干次股指期货有意向推出的消息传出，市场上股指期货的概念股便随风而动，股票大涨，反之则大跌。以 2007 年 6 月为例，随着股指期货即将出台的消息推出，刺激股指期货概念股大涨，仅消息出台当天，股指期货概念股中的美尔雅上涨 6.57%、厦门国贸上涨 6.08%、弘业股份上涨 5.65%、新黄浦上涨 5.72%、中大股份上涨 5.17%；第二天证监会发布说消息不属实，关于股指期货相关准备尚未完成，同日股指期货概念股又急剧下降回落。这一切都极不利于我国资本市场的稳定发展。然而笔者认为，上述问题是对股指期货推出后预期出现的现象的分析，在一定程度上反映了政府和投资者的担心，但是当我们透过现象看本质，问题的本质并非如此简单。由于我国目前缺乏衍生金融产品市场，加上广大的投资者对股指期货等衍生金融知识的严重匮乏和强大的投机心理的驱动，使股指期货在带来巨大机会的同时，也意味着投资者将面临巨大的投资风险。

3. 金融经济的其他现实环境

在我国经济特别是金融市场全球化的发展中，我们应清醒地认识到金融市场发展中存在的潜在危机。从传统的金融危机中我们可以看到，以美国为首的发达国家在提供资金援助的同时，往往迫使资金接收国按其要求进行调整和改革。具体来说，要求这些国家，如东南亚等亚洲国家采取财政紧缩和货币紧缩政策，提高利率以吸引外资进入并进一步稳定汇率，要求亚洲各国整顿金融机构，加速开放市场并迈向自由化，取消不平等的补贴政策等，这些限制条件不仅不能帮助资金接收国改善金融结构关系，反而产生了适得其反的效果。如，加速资本流动自由化，反倒进一步加剧了金融市场的动荡；强制的调整措施，不但不能恢复信心，反而加剧了资本的外逃；提高利率又迫使私人企业的资金成本大幅提高，从而加速企业破产的速度，并引发通货膨胀的急剧上升，以实行“经济殖民主义”的掠夺。

目前，我国作为金融全球化的新兴发展中国家，虽然发展速度极快，但实质上在对货币的自由兑换、国际收支的调节、外汇储备的选择和利率的升值、全球化金融的监管上还未能适应国际资本流动与变化的节奏。过快的金融自由化进程容易带来以下问题：投机性成分超过投资性程度；虚拟化的金融经济发展超过真实经济，产生极大的偏离度，严重者则可导致国家经济失控，国家安全受到威胁；容易出现经济无序、波动过大和恶意投机，以致破坏金融市场的建设进程。

另外，近年来我国宏观经济虽保持了较快的发展势头，近十年一直保持两位数的增长态势，但是受食品、能源等结构性因素的影响，居民消费物价指数也在不断攀升，通货膨胀压力有所加大。为此，在国内物价水平存在上涨压力、国际环境趋于复杂的背景下，为引导公众通胀预期，发挥价格杠杆的调控作用，政府加大了公开市场操作的调控力度，仅 2006 年至 2007 年短短两年间，中国人民银行就先后 10 次上调商业银行存款准备金率，6 次上调金融机构人民币存贷款基准利率，这对于抑制货币信贷过快增长发挥了积极作用。同时，对国家贯彻从紧的货币政策，防止经济增长由偏快转为过热，防止物价由结构性上涨演变为明显的通货膨胀也具有十分重要的意义。在这样宏观调控的约束条件下，以股指期货为代表的衍生金融产品市场的建立需要相当长的时间。

总之，我们应该清楚地认识到：金融市场国际化，或者说金融市场全球化，与经济全球一体化一样，是一个不可逆的过程。在这个过程中，世界各国可以从中享受巨大的经济利益，同时也会为由此带来的不安定因素付出代价。这个不安定因素就是金融风险程度提高，并会引起经济的震荡。一般来说，经济发达国家由于市场的成熟程度较高，对于风险的防范与控制有相对丰富的经验和较强的吸收消化能力，可能付出的代价比较低；反之，发展中国家尚不成熟的金融体系使其在金融市场国际化的进程中可能付出更大的代价。从我国国内的视角分析，我国资本市场正处于快速发展的新时期，制度创新、产品创新、系统技术建设这一切都是我国资本市场发展面临的重要内容，纵观目前我国资本市场的建设，这一切都尚未准备成熟。“拿来”的制度、“复制”的产品、“低端”的技术系统，更重要的是投资者尚未更新的观念，这一切不仅不能使资本市场向稳定的方向发展，相反却容易引发资本市场更大的危机和风险。

三、衍生金融工具会计制度供求与现实会计制度的应用结构不均衡

在我国，会计制度供给是政府的权责，衍生金融工具会计准则作为“国际趋同”战略中所进行的制度供给的系统工程中的一项，于2006年初颁布，2007年实施，仅在上市公司实行，对于其他非上市公司及占我国工业企业法人总数近95%的广大中小企业来说，仍执行2001颁布的企业会计制度和2004年的小企业会计制度以及原有的16个企业会计具体准则，形成了两套制度并存的会计供给与应用现状。在非上市公司执行的会计制度体系中主要围绕原生金融工具存在部分定义性规范，如货币、股票、债券等，针对衍生金融工具的会计制度存在着制度供给缺位。这样对于我国现存的非上市公司，包括中小企业则与上市的1 000多家公司并存，但所执行的会计制度却有所不同，使得非上市公司所反映的会计信息必然与上市公司所反映的会计信息存在不一致性，同样使得与最终产品和服务价值占全国GDP近50%，在我国经济中的地位日益突出，并逐渐成为我国最活跃、最具潜力的新的经济增长点之一的广大中小企业所反映的会计信息不一致，导致广大中小企业对衍生金融工具会计信息需求的非相关性。由于政府主体与非政府主体对某一新的制度安排的成本与收益的预期值是不一致的，因此在行政主导下的强制性衍生金融工具会计制度供求变迁中，衍生金融工具会计制度的供给相对于社会对制

度的需求而言，则表现为制度的相对过剩，进一步导致制度的供给处于无效的状态，最终造成衍生金融工具会计制度供求机制的不均衡。虽然按照财政部意愿要求，在未来 5 ~ 10 年衍生金融工具会计准则预期会在所有企业推行，但由于衍生金融工具会计制度可选择的最佳安排和开始旨在获取外部利润的实际经营之间存在着时间间隔，这样就产生了制度时滞的不均衡。根据新制度经济学理论，由于时间间隔主要取决于制度主体的不同，而不同的制度主体在时间上存在差异，时滞结果也必然导致制度衍生金融工具会计制度供给与现实会计制度需求的不均衡。

第三节　衍生金融工具会计制度供求机制的深层思考

从前面分析可知，我国衍生金融工具会计制度战略供求的目标明确，但在现实中却出现实际制度需求与意愿制度供给的不一致、不对称、不均衡。针对不一致、不对称、不均衡的成因，本书认为从深层次看，制度供求变迁既是一个制度创新的过程，同时也是一个利益关系的调整过程。制度创新一般具有两个层面：一是形式或技术层面，如衍生金融工具中的期权定价理论，在技术或操作程序上我们完全可以借鉴别国的经验。但是衍生金融市场体现的内在需求又是一个利益关系的调整过程；由于各国在法律制度、产权制度及文化传统等方面的差异，衍生金融市场的建立又是一个错综复杂的利益博弈的过程。因此，内涵的利益或制度层面是无法借鉴别国经验的。由此就必然导致制度创新中技术层面与制度层面的摩擦和矛盾，这势必导致对衍生金融工具会计制度的不为之行为难以避免。回顾我国在经济改革进程中曾经发生的破产法和股份制之类的改革都是在产权实质性改革还没有到位的情况下仓促上阵的，技术层面的超前和制度层面的形式超前，使这些改革的利益博弈缺乏实质的约束规则和制约机制而陷入改革的僵局。因此，归结衍生金融工具会计制度供求机制失衡的原因，本书从以下几个主要方面进行更深层次的剖析：

一、衍生金融市场发展的严重不足

从前述分析，我们可以清楚地看到：我国衍生金融市场经历过一段曲折的发展历程，从无到有、从有到无，曾经经历过成功、失败，面对新时期我国金融市场的预期发展，可以预测，制度创新、产品创新和市场创新一定是未来的发展趋势；而现在，由于我国在制度、产品、市场、创新各方面皆处于初级阶段，特别是衍生品市场的建立与发展尚在研究探索中，相对于发达国家而言，我国金融产品交易规模较小，虚拟经济发展还不是很成熟，金融创新不够，商业银行仍然主要从事传统的存贷款业务，金融服务与实体经济存在较大差距，对实体经济发展的促进作用有待提升。在这个过程中，有许多问题需要我们面对，有许多问题需要我们解决，具体来说：第一，市场基础条件仍不够完善，如人民币汇率尚未完全市场化、人民币债券收益率也远未完善等，虽然我们现在处在人民币升值时代，但中国的流动性压力也从未像现在这样大，货币政策“出镜率”也从未像现在这样高。要从源头上抑制顺差增长，比起加息、上调存款准备金率，甚至升值，更重要的是汇率弹性的增加，改变人民币对美元不断升值但顺差却仍没有缩小的趋势。根据央行 2008 年公布的数据，上半年国家外汇储备增加近 3 000 亿美元，同比增加近 1 500 亿美元，外汇形势的严峻有增无减。因此，人民币利率改革还要继续深化，增加汇率弹性比单纯升值更能有效缓解外汇流入压力。正如中国银行全球金融市场部高级分析师谭雅玲所认为的：汇率的升值并不等同于汇率机制的改革，目前人民币汇率处于单边升值的态势，人民币汇率的弹性还不够大，也暗含了很多市场及系统风险。合理的汇率决定机制是解决目前外汇问题的根本，但这个机制的形成需要政府、企业、个人、市场等多方面的配合，而非简单的政策导向。第二，人民币衍生产品法律协议尚未完全统一，不同版本之间的法律衔接以及与我国现行法律之间的衔接仍然存在不少问题，宪法秩序尚未全部建立。目前，规范衍生金融工具的法律法规较多，有从证券市场如深交所或上交所出台的法规，也有从对衍生金融工具监管的部门如证监会、银监会出台的法规，也有从规范会计行为的部门如财政部出台的法规。第三，大多数国内银行缺乏产品设计能力和定价能力，不得不依赖外购的交易系统，对这些系统定价模型的构建了解不深，在市场上处于不利地位。第四，衍生产品品种较为单一、不够丰富，不仅银行之间市场上的衍生产品品种不够丰富，场内交易的衍生金融产品更是缺乏。第五，衍生产品参与者范围尚不广泛。目前，衍生金融产品的主要参与者仍然是资本市场中银行间的参与者，特别是人民币债券远期交易与人民币利率互换还是仅在银行间的市场进行试点交易，尚未向全社会有避险需求的客户开放。第六，从事衍生金融产品相关的专业人员仍然不足，我国目前作为衍生金融产品交易主体的银行业普遍缺乏衍生金融产品交易与风险管理的专业人员；其他金融机构或工商企业等衍生金融产品的最终用户中更缺乏相关专业人员。第七，衍生金融产品市场还存在流动性不足的问题。我国目前衍生品交易规模相对较小，并且交易币种主要集中在人民币和美元，其他币种衍生品交易规模更小，不足以形成衍生金融交易市场。总之，目前我国衍生金融产品的建设无论是金融基础、金融实力还是金融观念都远没有达到西方当年的发展水平，加上衍生金融工具特有的高端专业特性，决定了我国推进金融创新和衍生金融产品的稳健性。中国银行全球金融市场部谭雅玲研究员在“第四届中国经济增长与经济安全战略论坛”（2007）上指出：“目前国内最大的金融风险是金融的规模大于金融质量。同时，目前金融同质化的竞争会伤害金融自身的体力、体能和规模。”她建议，金融机构的扩张、金融产品规模的推出，特别是衍生金融产品的推出应该理性，在效率服务上提高自我不足的认识。面对这样的衍生金融工具供求现实，由于衍生金融市场的缺失，导致社会上广大利益群体对衍生金融工具会计制度的真正需求也存在缺失，盲目的路径依赖势必导致衍生金融工具会计制度供给的“形式超过实质”。

二、衍生金融工具会计制度战略趋同的担忧

在我国会计制度供求市场上，由于衍生金融工具会计制度的所谓供求创新实质是一种“拿来主义”的表现，而“拿来主义”在一定程度上存在理念上的先进性和新颖性，具有一定的理论市场效应。具体来说：近年来，我国的会计学者一直注意跟踪国际上衍生金融工具会计研究的最新进展，适时地翻译介绍与衍生金融工具会计有关的会计准则和其他重要研究成果，为国外衍生金融工具会计研究成果在我国的传播起到了积极作用。同时，针对金融工具尤其是衍生金融工具创新对传统会计理论的冲击，如确认原则、计量原则、会计基本假定、会计要素的重新界定等，我国的会计学者们也提出了许多有价值的见解。例如，认为应对传统的实现原则加以修正或重新解释；认为应改进财务报表的结构，或在现有基本报表基础上增加有关衍生金融工具的会计信息的报表等。毋容置疑，这些研究是很有价值的，它在一定程度上丰富了我国的会计理论，同时也有助于我国的衍生金融工具会计制度具体内容的研究。但反观衍生金融工具在我国会计应用的实践，由于衍生金融市场的缺失，我们不难看到在我国现行资本市场所提供的会计信息基本停留在原生金融工具的会计规范方面，如应收账款、应收票据、债券、股票等，这些内容不仅反映在新会计准则上，而且反映在狭义的会计制度中。至于衍生金融工具会计方面的信息，却形同虚设。鉴于新会计准则中对衍生金融工具会计信息的表内披露要求，本书以上海证券交易所的640家样本，按照国家新会计准则在上市公司施行的要求，对2007年第三季报的信息作了样本调查。结果发现，围绕衍生金融工具会计有相关信息披露的只有8家，而且披露的内容十分简单僵化，远

不能满足会计信息相关性的信息要求。这一现象不禁引人深思，笔者分析认为：根据新制度经济学理论，制度的供求本应源于制度的自然演化过程，而制度的自然演化过程应是当事人不断参与的过程，这个参与的过程也应是当事人利益博弈的过程。也就是说，制度的自然演化通过不断反复的博弈及讨价还价，最终形成的制度一般都会达到制度均衡。而人为设计的制度一般把大多数当事人排除在制度设计之外，人为设计的制度尽管也通过一定的途径征求了当事人的意见，但由于费用或成本方面的考虑，这种意见的征求是很有限的。因此，人为设计的制度很难达到帕累托改进状态。同时，从衍生金融工具会计制度的供求机制方式来看，诱致性的制度变迁国家一般会采用制度的自然演化方式，而强制性的制度变迁国家一般会采用人为设计的方式。从价值观来看，制度的自然演化过程强调的是个体的自由及其选择，而人为设计的制度强调的是权力中心的意志及其选择，谁掌握权力，谁就有可能左右制度的设计、影响制度的供求变迁。

值得指出的是，在现实生活中我们很难把制度的人为设计和自然演化区别开来，但自然演化的制度很强调法治。目前，在我国的制度创新中有一个误区，动不动就强调制度创新，并且这些所谓的制度创新往往就是一种人为的设计。而这种人为的设计实际上更多的是“拿来的制度”，这不禁又引发人们进一步的担忧，因为“拿来制度，弊端多多”。“拿来制度”存在最突出的弊端是：①水土不服。由于国内衍生品市场尚处于研究开发阶段，衍生金融市场尚未完全建立，而“拿来”的衍生金融工具会计制度不是根据国内衍生金融市场的实际需求情况进行供给的，导致不少企业在学习新企业会计准则时，直接将衍生金融工具会计制度“拒之门外”；或者在政府主导供给的衍生金融工具会计制度强制推出时，在形式上感觉“大受欢迎”，但一旦实际应用，人们会发现存在不少问题，如就衍生金融工具会计制度的内容而言，基本是衍生金融工具的概念解释和简单的会计处理要求，缺乏会计目标的信息深度，不能针对具体衍生产品提出有效的会计规范、披露有用的信息。②鱼目混珠。近些年来，由于社会经济日趋国际化、全球化，只要是“洋”项目，一般就能在人群中产生“金矿效应”。这种理念没有从国内衍生金融市场的实际需求出发，没有以生产力为根基的经济基础，极易导致衍生金融工具会计制度供给效率低下的现象出现。③晦涩难懂。由于衍生金融工具会计制度的推出忽视了制度创新的自然演化力量，缺乏宽厚的衍生金融市场的创新基础，加上衍生金融产品特有的高端专业特点，品种繁多、名目繁杂，不少利益者，甚至是不少专业人士对供给的衍生金融工具会计制度都表示存在“建设性的含糊”，更有甚者表示对这套制度“一头雾水”。总之，衍生金融工具会计制度的供给从形式上看，在某种意义上满足了权力机构既得利益集团的制度安排；但从我国资本市场的长期发展来看，“拿来”的制度不仅容易偏离衍生金融工具会计的信息目标，甚至背离衍生金融工具的改革目标，最终将导致衍生金融工具会计制度改革的变形和无效。

虽然在我国会计准则国际化建设进程中，经济全球化促进我国会计准则国际化的协调和趋同的发展，会计准则的国家化必然服从于国际化要求，否则在中国经济全球化背景下不仅会导致会计信息的不可比，而且由于会计标准存在的差别造成很大的缺陷和低效率，也会导致会计改革的明显落后及不合时宜的状况，不利于国际交流和经济资源的优化配置。因此，战略趋同是必要的，但这并不意味着对所有准则的国际趋同，趋同的准则应从我国现阶段的经济发展现实出发，符合衍生金融发展的现实需求。只有这样的趋同，才能真正有效地在我国会计准则国际化的建设进程中建立一套健全有效的衍生金融工具会计制度的供求机制。

三、行政主导下的强制性制度供求的实质低效

笔者在对衍生金融工具会计制度供求机制进行研究时，在对供求的制度环境动因进行分析时，还引发出一个更深层次的问

题：权力机构的强制性制度变迁能提供有效的制度供给吗？笔者认为对此做肯定回答或否定回答都是不切实际的。新制度经济学认为，强制性制度供求变迁的有效性受许多因素的制约，其中主要有权力机构的偏好和有限理性、意识形态刚性、官僚政治、集团利益冲突和社会科学知识的局限性、国家的生存危机等。权力机构经过努力可能会降低一些不利因素对制度变迁的影响，但是并不能克服其他不利因素对制度变迁的约束。因为它在一定程度上违背了一致性同意原则，一致性同意原则不仅仅是一个政治范畴，而且还是一个经济范畴。在某种意义上讲，一致性同意原则是经济效率的基础。某一制度尽管在强制运作，但它却违背了社会团体或个体的利益，违背了市场的利益，导致这些利益群体可能并不按权力机构供给的制度规范自己的行为，从而导致这类制度很难有效率。回顾我国的经济发展现实，长期以来，我国属于中央集权制国家，因此，在传统管制型社会中，缺乏社会多中心治理的机制，政府以权力中心的角色设定国家与社会中各方面的规则。政府将市场和社会绑定在国家意识形态之下，经济缺乏自发的诱因，社会没有自治的机制，国家作为各种利益的终极代表者承担公共物品和私人物品的供给责任。由于决定制度需求与供给的因素不同，必然造成制度供需的不一致。虽然制度供给者和需求者都追求预期收益最大化，但是市场和社会主体主要关注的是经济利益的最大化，而作为供给者的权力机构则偏重关注经济绩效、政治支持和社会稳定等因素，所以容易导致政府实行制度的替代供给。由于忽略了作为社会微观个体的制度需求，因此造成制度供给与制度需求不一致的非均衡现象。客观来说，政府主导有其自身的好处，主要表现为政府对规范财务信息揭示的会计制度的干预越强，或许更容易实现较高的宏观经济目标和其他社会目标。例如，通过对准则的供求干预便可能使得国际各公司之间财务信息的可比性进一步增强，从而也就更有利于国际投资者评价投资机构和企业形象。但其弊端在于：政府对企业财务会计信息揭示的干预，有可能进一步扭曲对企业经济真实的反映，从而降低财务会计信息的有用性和有效性。

根据新制度经济学观点，一种制度安排是从一个可供选择的制度安排集合中挑选出来的。选择的标准就是生产和交易费用两个方面。为什么选择这个制度？因为这个制度比这个制度安排集合中的其他制度安排更有效。最有效的制度安排是一种函数，尤其是制度结构中其他制度安排的函数。制度选择集合确定了制度选择的范围（或空间），但是制度选择集合并不是固定不变的。随着外部条件的变化，制度选择集合可能随之扩大或缩小。影响制度选择集合的因素主要有：第一，社会科学方面的知识。拉坦指出，对经济学、其他社会科学及其有关职业（如法律、商业和其他社会服务业）方面的知识需求，其最初的诱因是制度变迁以及对制度执行所实现的改进。社会科学的进步能改进人的有限理性，因而不仅能提高个人管理现行制度安排的能力，而且还能提高领会和创造新制度安排的能力。一些新制度经济学家正在利用人力资本理论研究这个问题。不断积累的先进的社会科学知识大大扩大了制度选择集合。第二，制度引进虽然可以扩大制度选择集合，提高通过借用其他社会制度安排来完成本社会制度变迁的可能性，极大地降低在基础社会科学研究方面的投资费用，但是制度引进面临着一个“配套”的问题，某一制度在国外可能很先进，但引进到本国可能并不适用。制度移植可能比技术移植更困难，因为一个制度安排的效率极大地依赖于其他有关制度安排的存在。制度配套使用才有效是新制度经济学的一个命题。如拉美国家制度的90%几乎是复制欧美国家的制度，但其效果远没有欧美国家那么有效，甚至无效。

衍生金融工具会计制度虽然出台并在上市公司实施，但基本处于低效或无效状态，从前述的调查我们也能清楚地感受到由于衍生金融市场的缺失或严重不足，供给的衍生金融工具会计制度不能为广大利益群体所接受而处于低效或无效状态。新制度经济学供求机制理论告诉我们，判断一项制度供求变迁是否有效率或能否达到均衡的标准是帕累托改进抑或是非帕累托改进的改变。

由于制度供求变迁一般来说必然涉及利益关系的改变，因此，所谓帕累托改进就是供求变迁的目标方案能为人们提供新的机会，使制度能够较容易达到均衡，同时也是有效率的。相反，对那些只有通过改变利益分配关系，使某些人利益受损才能提高现有资源的产出水平和社会福利水平的改进，称为“非帕累托改变”。这样的改革必然会受到利益受损失的利益集团的阻挠，引起较大的利益摩擦。如果制度供求变迁的受益集团和受损集团博弈力量均衡，则改革难以进行。即便实施强制性制度变迁，只要受损失的利益集团力量足够强大，新制度的缺陷就会被利用、被钻空子，出现多种问题。通常，一项制度供求变迁应该使大多数人受益，近似于“帕累托改进”的改革在理论上是没有阻力的。现实中的改革多为“帕累托改进”，如果改革同时损害了大多数人的利益，则说明这项改革还不是理想的帕累托最优状态，同时也说明这项改革本身具有过渡性。

衍生金融工具会计制度的供给不是社会当事人反复博弈产生的结果，而是权力机构通过行政手段强制颁布实施的。作为公共选择的结果，这一制度在较大程度上是以维护国家利益为基本前提的，因此我们认为这次衍生金融工具会计制度变迁属于非帕累托改进，它具有过渡性。这一研究方法的启迪是，会计改革不可能一蹴而就，它具有过程性，在衍生金融的研发过程中形成创新的改革结晶便是真正反映中国衍生金融现实的衍生金融工具会计理论和会计制度安排。

一项制度创新的前提是理论创新，没有创新的理论作指导，制度创新是会有所偏颇，乃至成本高昂的。然而，我国至今尚无一种创新的衍生金融会计理论能对我国会计改革进行指导和评价。回顾过去，在高度集中的计划经济体制下企业所需资金是由国家供给的，这是一种低效率的制度均衡，该阶段的会计制度安排保证了经济在低效状态下的运行。随着市场经济的逐步建立，企业的经营权与所有权分开，企业的经营方式和经营机制转变，企业的产权结构起了变化，企业的资金来源渠道多元化，更为重要的是资本市场的发展为投资者和筹资者的投资、融资活动提供了广阔的空间，因而会计信息成为社会公众关注的“信号”，从而过度偏向权力机构这一产权主体利益的会计制度安排也不能得到公众的满意。衍生金融工具会计制度的供给就是最好的例证。由于权力机构在一定程度上对衍生金融工具会计制度供给超越衍生金融现实的需求导致制度供给相对过剩，当权力机构安排的会计制度在施行时摩擦不断发生且制度接受者的不满积累起来时，势必会导致盈余操纵的后果产生。如众多的假账林立、利润操纵行为，并逐渐成为制度运行的主要状态，最终导致出现制度的非均衡。同时，制度的过剩不仅是社会对制度的总需求小于政府制度总供给的总体失衡，也存在局部的失衡。即管制性制度供给过剩而服务性制度不足造成的制度整体不均衡与制度体系不平衡，使“上有政策，下有对策”的现象时时出现。对于这类现象，我们并不能用政府缺乏权威、地方缺乏制度约束之类的理由作简单化的解释。这类现象实际表明，我国经过近年的分权化改革后，权力利益主体与社会利益主体博弈由隐蔽转向公开化，此时就容易发生权力的强制性制度变迁与个体利益相抵触、冲突的现象。反映在衍生金融工具会计制度的供求上，我们可以深刻地感受到：①我国衍生金融工具会计制度主要采用强制性的意愿制度供给，而该供给模式由于不是建立在受益主体一致性同意的经济基础上，当强制性只流于“形式供给”时，市场所面临的将是实质性的并不“强制”，地方政府和企业个体往往就会“修正”上级的意愿制度供给，并使这种制度更适合自己实现利益最大化原则。“修正”权力机构制度安排的方法主要有：对制度的歪曲理解、对制度的改头换面、对制度的主观不为之、利用制度恶意操控盈余管理，等等。经过这种种修正措施，意愿制度供给与实际制度供给必然出现差异，导致衍生金融工具会计制度供应与需求的不对称、不均衡。②在对衍生金融工具会计制度进行强制性制度供求过程中，由于衍生金融市场的缺失及利益群体对衍生金融信息不对称、不确定性、技术差异等因素的影响，权力中心的意愿制度供给与社会利益群体对制度创新的需求并不一致。在权力中心的强制要求下，利益群体往往会对新制度规则做出符合其自身利益的理解，以机会主义的态度实施新规则。③在衍生金融工具会计制度强制性供求变迁中，权力中心限于财力因素，一般把新制度安排的实施成本转移给地方或利益集团个体。地方或利益集团个体将根据实施成本的大小对新制度安排做出局部调整，通过少作为或不作为方式回应强制性制度供求，这也势必导致意愿制度供给与实际制度供给的不均衡。

四、路径依赖的负面效应

诺斯指出，“人们过去做出的选择决定了他们现在可能的选择”，沿着既定的路径，经济和政治制度的变迁可能进入良性循环的轨道，迅速优化；也可能顺着原来的错误路径往下滑，如果弄得不好，它们还会被锁定在某种无效率的状态之下。一旦进入了锁定状态，要脱身就会变得十分困难。诺斯同时指出，既有方向的扭转，往往要借助于外部效应，因此必须引入外生变量或依靠政权的变化。决定制度变迁的轨迹有两个——收益递增和发展的市场，后者通过交易成本得到说明。如果没有收益递增和发展的市场，制度是不重要的。一般来说，制度的初始选择会强化现存制度的刺激性和惯性，因为沿着原有制度变迁的路径和既定方向前进总比另辟蹊径要来得方便一些。路径依赖形成的深层次原因就是利益因素。然而，一种制度形成以后，会形成某种在现存体制中有既得利益的压力集团。或者说，他们对这种制度（或路径）有着强烈的需求。他们力求巩固现有制度，阻碍进一步的改革，哪怕新的体制较之现存体制更有效率。一旦制度变迁中的路径依赖形成以后，制度变迁就可能变成“修修补补”的游戏了。因此，制度变迁就是要不断解决“路径依赖”的问题。反映在我国衍生金融工具会计制度的供求变迁上，路径依赖表现出两个方面的特点：一是作为权力机构的政府，自 20 世纪 90 年代在十四大召开确立我国要深化改革开放、建立市场经济以来，我国政府就制定了与国际会计准则接轨的目标，首次在我国推出会计基本准则，目的是使我国的会计发展不仅能满足国内现实经济的发展需要，而且能借鉴国际会计制度供求的先进经验以促进我国会计制度的供求机理朝着更好、更快的方向发展。制度变迁的目标是清楚的，自 1997 年我国颁布第一个企业会计具体准则《关联方交易准则》至 2001 年，我国共颁布了十六项具体会计准则，每一项准则都是在结合我国现实实际并借鉴国际会计准则的基础上形成的，准则的实施效果是明显的，但这也使权力机构进行会计制度供给时，制度供求的轨迹形成一种特有的路径依赖。只要是国际上有的会计准则，拿过来在权力机构主导下进行强制制度供给，就理所当然认为能够满足我国的资本市场的现实需要，一般情况下，这种路径轨迹是成立的，然而针对衍生金融工具会计制度的供求机理，情况并非如此。由于我国目前衍生金融市场的缺失，社会利益团体或个体需求者没有切身感受到衍生金融市场收益的递增效应，所以衍生金融工具会计制度的供给好似空中楼阁，中看不中用，并导致衍生金融工具会计制度与现实制度环境不均衡的状况产生。另一方面，近十年来，我国一直推行“两条腿”走路的会计制度供求轨迹，鉴于我国传统文化和会计发展的历史渊源，狭义会计制度因为简单明了、易实施而深受会计利益相关者的欢迎。新企业会计准则的推出，包括衍生金融工具会计准则的推出要求在上市公司实施，而非上市公司的大多数企业仍然执行 2001 年颁布的狭义范围的企业会计制度，因此导致了上市公司作为会计信息的提供者，因为衍生金融工具会计制度的复杂性和专业性而对要求执行的制度不作为或不愿作为；对于会计信息的相关者，由于衍生金融市场的缺失，会计信息的提供并不能有助于利益相关者产生预期的制度收益，因此对衍生金融工具会计制度不能产生应有的需求。在本命题的研究过程中，笔者除了进行网上数据分析和问卷调查外，还对近十家上市公司进行了访谈。在访谈的过程中，被访者对衍生金融工具会计制度被要求在上市公司中应用大多持保守的态度，主要观点有：听说衍生金融工具对防范风险很有用；听说衍生金融工具的风险也很大；本上市公司没有经营境外衍生产品，因为没有需要；对国内仅有的衍生品因为不了解，所以不敢投资。对于国家要求2007年在上市公司提供衍生金融工具会计信息，这些上市公司均表示衍生金融工具会计制度里的内容看不懂，不知什么意思，基本上在报表信息中不做披露……从这些观点中我们不难看出，衍生金融工具会计制度供给，从形式看是实现了我国国际化的战略趋同需求，然而这种国际性的路径依赖在我国衍生金融市场建设严重不足的状况下，造成了对衍生金融工具会计制度需求的实质不均衡。

2006年2月发布并于2007年执行的新企业会计准则标志着我国会计准则与国际财务报告准则的实质性趋同，然而高质量的会计准则是高质量会计信息的必要条件而非充要条件，当务之急是完善与新准则相配套的强有力的法律和执行机制，以确保企业会计准则体系的实施能切实提高我国会计信息的有用性①。

五、“信息超载”面临的技术困难

强制性制度供求者按照国际市场模式提供的衍生金融工具会计制度，使会计信息的相关者面临着“信息超载”的困难。这种信息超载不仅表现为对所供给的衍生金融工具会计制度所包含的高深专业内涵的理解，而且还表现为面临信息超载所带来的技术困难，正如在衍生金融工具计量中常用的蒙特卡罗模型，其因摩洛哥著名的赌场而得名。虽在相当的领域内帮助人们从数学上表述物理、化学、工程、经济学以及环境动力学中一些非常复杂的问题，但蒙特卡罗模型也存在危险的缺陷：如果必须输入一个模式中的随机数并不像设想的那样是随机数，却构成一些微妙的非随机模式，那么整个模拟（及其预测结果）都可能是错误的。由

① 曲晓辉，邱月华．强制性制度变迁与盈余稳健性．会计研究，2007（7）

美国佐治亚大学的费伦博格博士作出的一份报告证明了最普遍用以产生随机数串的计算机程序中有5个在用于一个简单的模拟磁性晶体中原子行为的数学模型时出现错误。科学家们发现，出现这些错误的根源在于这5个程序产生的数串其实并不随机，它们实际上隐藏了一些相互关系和样式，这一点只是在这种微小的非随机性歪曲了晶体模型的已知特性时才表露出来。因此，贝尔实验室的里德博士告诫人们记住伟大的诺伊曼的忠告："任何人如果相信计算机能够产生出真正的随机的数序组都是疯子。"由此可见，衍生金融工具交易的会计行为需要合理规范，而规范的会计行为离不开对会计信息计量，会计信息计量的关键则是对衍生金融工具数理理论的正确理解。Ito过程的描述、Black - Scholes模型的解读、标准Brown运动的演绎，这一切都需要个人和组织要有一个较长、较系统的学习过程，以适应新的市场经济环境。如果学习过程短，新的制度就难以适应，衍生金融工具因其特有的高端专业技术以及与衍生金融市场匹配的适时变化性，衍生金融工具会计制度供给理论上要有一个逐步根据市场价格调整消费和生产的适应过程。而在我国研发建设中的衍生产品市场，由于基础框架尚未搭建成功，所以人们无法认识市场更无法适应市场，供给的制度仿似空中楼阁，衍生金融工具会计信息也因供给"超载"而不能发挥其应有的效用。经济学家莫西米兰和诺顿（1992）指出，在制度供求的进程中，根据时间表进行一揽子改革的设计人和执行人同样面临信息超载的难题。因此，面对衍生金融这个高端、专业的行业领域，面对衍生金融这种高端的风险产品，如何向全社会普及衍生金融专业知识，伴随衍生金融市场的发展努力熟悉并掌握专业的知识和技能，是我们亟须面对的，也是亟须解决的。林毅夫（1989）指出，制度安排的集合受到社会科学知识差别的束缚，即使政府有心建立新的制度安排以使制度从不均衡恢复到均衡，但由于社会科学知识的不足，政府也不可能建立一个正确的制度安排。

第四节 欧盟做法给我们的启发

众所周知，在进行会计准则与国际接轨的进程中，欧盟所采用的国际准则是经欧盟委员会批准的，而非直接采用国际会计准则委员会发布的准则。2004年欧盟对修订后的《国际财务报告准则第39号——金融工具：确认和计量》审议后，决定暂不批准该准则的采用。在国际会计准则理事会按照欧盟要求取消了“公允价值选择权”后，欧盟于2005年终于批准了在欧盟应用金融工具准则的大部分，但不采用其中的套期会计内容。针对国际会计准则中衍生金融工具会计内容在欧盟的不适用性以及欧洲在国际财务报告准则制定中的影响力被削弱，欧洲议会以经济货币委员会主席佩尔旺什·贝雷斯夫人和议员亚历山大·拉德万的名义发表声明，对欧洲在国际财务报告准则制定中的影响力被削弱表示担心。声明简要回顾了欧盟在2002年决定采用国际财务报告对国际准则应用的推动作用，以及欧盟在欧美监管合作和会计合作中的努力；声明要求欧盟内部市场与服务委员迈克里维采取措施确保欧盟在国际会计准则制定中的影响力；声明最后以相当强硬的语气指出：“国际会计准则制定必须改革，首先要满足其主要客户的要求，即那些已经采用国际财务报告准则的国家或地区的投资者、编报者、信息使用者的要求。此外，对国际会计准则理事会的监督也必须加强，明确其对公众的受托责任，确保其真正按照公众利益行事。”① 显然，鉴于欧盟国家在衍生金融，特别是套期保值业务的局限性及欧盟市场发展的不一致性，欧盟对于国际会计准则并不是采用全盘接单，而更多的是考虑到广大利益群体和市场的实际需求，有选择地借鉴国际会计准则。由于衍生金融工具会计制度的供给符合欧盟市场的社会利益需求，因此有

① 财政部会计司．会计国际趋同及国外相关组织近期动态．会计研究，2007（7）

效地保证了衍生金融工具会计信息的相关性和可靠性，实现了衍生金融工具会计制度供求机制的均衡发展。

国际会计和跨国企业权威 Radebaug 和 Gray（1997）认为：必须承认，一国的会计处理方法对于他国未必适用或可行。尽管存在某些相似性，现存会计系统至少与现存的国家一样多，这些差异基本上是由环境决定的。各国的会计实务在其现存的环境（如私人产权数量、工业化程度、通货膨胀和经济发展水平）中发展，既然在经济条件方面存在这些差异，在会计实务方面存在差异就不会令人惊讶。正如小型私有制企业的会计需要不同于跨国公司的会计需要一样，欠发达的农业国的会计需要也就不同于工业高度发达的国家。很显然，制度供求的变迁应是与现实经济发展相匹配的一个较长的发展过程，这个过程具有阶段性的特点，无视这一特点，将最终导致会计制度在现实经济中的发展不适用，因而不能发挥其应有的功能和作用。

本章小结

本章通过对我国战略供给的衍生金融工具会计制度应用状况进行实证调查，发现衍生金融工具会计制度的形式供给与我国衍生金融经济的发展现实对衍生金融工具会计制度的实质需求并不一致，对比国内外衍生金融市场的发展状况，本书发现现实衍生金融市场的发展不足导致社会利益群体对衍生金融工具会计制度的需求缺乏，造成衍生金融工具会计制度供给与现实需求的不均衡；同时，通过对我国现行的会计制度结构进行分析，指出在多种会计制度并存的结构体制下，存在衍生金融工具会计制度规范结构的不均衡以及由于社会利益群体对制度的认知滞后带来的衍生金融工具会计制度的时滞不均衡，针对性地指出衍生金融工具会计制度战略供给导致我国衍生金融工具会计制度在一定程度上存在供给过剩，并通过问卷调查和访谈及网上数据分析，对上述研究成果进行了验证。同时，这些研究结果也验证了罗伯特·托马斯在1982年的《经济史中的结构变迁》一书中强调的“制度总是重要的，但并不总是有效的”的观点。在一定的历史阶段，制度往往具有稀缺性，不过这种具有稀缺性的制度应是提高生产效率、促进社会经济增长、减少交易不确定性的制度。而现实中可能并不缺少制度，甚至存在制度供给过剩，因此制度需要通过创新和变迁来为经济增长和经济发展提供推动力。但是，这也并不意味着制度变化越快越好，制度在一定条件下需要相对的稳定性，因为衍生金融工具会计制度的创新和变迁也会带来一定的社会成本，有时甚至是巨大的成本。

制度是社会变革与经济发展的关键性因素，因此也是影响会计制度供求变迁的关键。制度非均衡是导致制度变迁的前提条件。由于衍生金融工具会计制度的意愿供给与现实需求的非均衡，导致新出台的衍生金融工具会计制度处于衍生金融市场缺失的真空状态，以致供给的衍生金融工具会计制度流于形式，供给大于需求。根据新制度经济学观点，供给过剩实质是所提供的制度在属性上不能满足制度需求者的偏好，制度的安排不能使相关利益集团分别实现相对的利益最大化。所以本书认为，目前我国衍生金融工具会计制度的供求处于一种“制度供求失衡”的状态。

面对衍生金融工具会计制度的供求不均衡，本书分析认为我国权力机构选择了强制性制度供求机制，主观上采用了“复制”国际会计准则或美国财务会计准则中的衍生金融工具会计制度，然后强制性推行和实施。这种做法虽然可以降低制度的设计成本，但是由于制度实施者面临着新时期资本市场信息上的复杂性，衍生金融工具会计制度变迁主体的非合作博弈，以及操作上的简单性，使得衍生金融工具会计制度虽在一定意义上满足了权力主体的政治需要，却增加了制度供求的实施成本和摩擦成本，最终导致制度供给的低效或无效，以致衍生金融工具会计制度的建设只能处于不断的事后修补，甚至推倒重来，严重影响了我国衍生金融工具会计制度建设的可持续发展。因此，为构建我国衍生金融工具会计制度供求机制新秩序，权力机构应正视制度供求机理的理论模式和市场现实，切实根据我国资本市场，特别是衍生金融市场的建设和发展进行会计制度的创新和供求变迁。

第六章　衍生金融工具会计制度供求结论与制度安排创新

第一节　衍生金融工具会计制度供求结论

第一，本书通过对衍生金融工具会计制度供求机制进行理论阐释，指出会计制度是基于新制度经济学中的制度内涵基础，是广义的会计制度；通过构建衍生金融工具会计制度供求机制研究的理论假定和分析框架，指出追求利润最大化的利益主体在复杂的市场经济中，面对衍生金融产生的利益选择存在着有限的理性，在既定的会计制度约束下，预期通过衍生金融工具交易而获取最佳收益，并防范风险。衍生金融市场的需求与衍生金融工具会计制度的供给是衍生金融交易中所寻求的最有利的制度安排。一旦现有的衍生金融工具会计制度对衍生金融市场信息的反映表现出不合理、不真实，或社会利益群体对未来收益信息的反映预期不合理、不真实，社会利益群体就会表现出对现有会计制度的被动作为或不作为，势必导致新的会计制度在较短的时间内代替现行供给的制度，从而实现资源的重新配置，使得利益主体的效用水平有所提高，以完成“帕累托改进”的过程；同时，指出衍生金融工具会计制度供求机制的分析框架不仅包括相对既定的宪法秩序，还包括市场规模、技术变化，更重要的是在一定意义上还包括了上层决策者的预期净收益及公众的态度等，作为制度供求的内生变量，制度安排的效率是我们研究的终极目标。

第二，通过对国外衍生金融工具会计制度供求机制的分析发现，国外衍生金融工具会计制度的产生源于衍生金融市场顺向生成的土壤，衍生金融工具会计制度的供给是建立在衍生金融市场发展和繁荣的基础上的，是对衍生金融市场发展中会计信息的再现与规范，是以市场为主导的诱致性制度供给，所供给的衍生金融工具会计制度体现了衍生金融市场发展的实际需求，达到了制度供给与需求的一致性，有效地实现了衍生金融工具会计制度供求机制的均衡。而我国衍生金融工具会计制度的供求路径，是基于经济全球化的背景下，在强调国际间存在各种利益博弈的前提下所进行的衍生金融工具会计制度战略供求，其在一定意义上表现为形式供求而非实质供求，但这是由国际利益群体之间的博弈冲突以及冲突的解决过程和方式决定的。本书引用诺斯关于制度变迁的理论来分析我国衍生金融工具会计制度供求机制的战略选择，发现经济的全球化改变了我国传统会计制度的供求机制的制度环境，作为权力机构的政府加强了对衍生金融工具会计制度供求的战略管理，为市场化的制度安排逐渐进入国家预期的资本市场运行轨迹，特别是为国家快速进入国际资本市场、迅速取得“会计的国际话语权”创造了条件，以实现作为政府主导模式下国家进行制度战略选择的政治目标。

第三，针对政治需求下的战略选择，供给的衍生金融工具会计制度是否与我国衍生金融市场实际需求相一致，衍生金融工具会计制度供给后应用状况如何，本书通过问卷、访谈、数据分析对强制供给模式下产生的衍生金融工具会计制度的应用现状进行了实际调查。调查结果发现：衍生金融工具会计制度存在意愿制度供给与实际制度需求的不均衡，存在政府主导下强制供给与衍生金融市场缺失下对衍生金融工具会计制度需求的不均衡，存在制度供求与现行会计制度结构的不均衡。

第四，运用新制度经济学理论对衍生金融工具会计制度供求机制失衡的成因进行了深层次的剖析，本书分析认为：

(1) 我国会计改革是一场以引进为基础的制度变迁，而不是自然演化形成的制度变迁，也不是行动团体在衍生金融市场环境变化时，通过对成本和收益进行理性的分析以后，确认收益大于交易成本费用，具有潜在利益后才付诸行动的制度创新或变迁。我国衍生金融工具会计制度的供求机制是制度供给的权力机构在经济全球化背景下，引进甚至“拿来”成熟市场经济发达国家的会计制度或规范，以借此优势加快国家的国际化进程的一种战略选择。比较国内衍生金融市场的缺失，衍生金融工具会计制度在一定程度上表现为制度的“供给过剩”。

（2）衍生金融工具会计制度供求的不均衡，最主要的原因是我国衍生金融市场的缺失或发展严重不足。衍生金融工具会计制度的战略供求应以实际市场的建立与发展为基础，在我国对衍生金融工具会计制度进行安排时，所谓的战略供给虽然在一定程度上满足了权力机构的政治需求，“拿来主义”制度会在一定程度上降低国际交往的博弈成本，但这只满足了当期权力主体的利益，从长远来看，“拿来的制度”是不可取的。

（3）我国衍生金融工具会计制度的供求变迁具有强烈的“国际化路径依赖”特征。制度变迁的路径依赖导致在衍生金融工具会计制度供给过程中，由于存在着预期报酬递增的机制，使制度变迁一旦走上了某一条路径，它的既定方向会在以后的发展中得到自我强化。衍生金融工具会计制度的供给形式上的过剩的事实证明：没有考虑我国的衍生金融品市场的发展现状，制度的供给由于不能反映衍生金融市场建设的实际需求而不为广大利益群体所接受，最终将是无效制度。事实上，在正式制度安排之后的一段时间内，当供给的制度还没有满足全部定义要求时，利益个体，包括各级行为团队为追求制度利润及自身收益，仍会沿用过去的具有一定效率的制度，并不会因强制性制度变迁使得人们的行为立即发生改变。这也验证了诺斯在归结“制度总是重要的，但并不总是有效的”的观点，阐释了面对“强制性制度变迁”，次级行动集团会选择符合自身或小集团利益行为的原因。

（4）衍生金融工具会计制度供求失衡所产生的最直接的后果就是会计信息失真。而会计信息失真就是企业所提供的会计信息不能全面、真实、可靠地反映企业的经营成果和财务状况。众所周知，我国企业财务会计报告的目标是向财务报告使用者提供与企业财务状况、经营成果和现金流量等有关的会计信息，反映企业管理层受托责任履行情况，有助于财务报告使用者作出经济决策。而财务报告使用者主要包括投资者、债权人、政府及其有关部门和社会公众等。满足投资者的信息需要就是将投资者作为企业财务报告的首要使用者，凸现了投资者的地位，体现了保护投资者利益的要求，是市场经济发展的必然。如果企业在财务报告中提供的会计信息与投资者的决策无关，那么财务报告信息就失去了其存在的意义。根据投资者决策有用目标，财务会计报告所提供的信息应当如实反映企业所拥有或者控制的经济资源、对经济资源的要求权以及经济资源及其要求权的变化情况；如实反映企业的各项收入、费用、利得和损失的金额及其变动情况；如实反映企业各项经营活动、投资活动和筹资活动等所形成的现金流入和现金流出情况等，从而有助于现在的或者潜在的投资者正确、合理地评价企业的资产质量、偿债能力、盈利能力和营运效率等；有助于投资者根据相关会计信息作出理性的投资决策；有助于投资者评估与投资有关的未来现金流量的金额、时间和风险等。除此之外，企业财务会计信息的使用者还有债权人、政府及有关部门、社会公众等。例如，企业贷款人、供应商等债权人通常十分关心企业的偿债能力和财务风险，他们需要信息来评估企业能否如期支付贷款本金及其利息，能否如期支付所欠购货款等；政府及其有关部门作为经济管理和经济监管部门，通常关心经济资源分配的公平、合理，市场经济秩序的公正、有序，宏观决策所依据信息的真实、可靠等，因此，他们需要信息来监管企业的有关活动（尤其是经济活动）、制定税收政策、进行税收征管和国民经济统计等；社会公众也关心企业的生产经营活动，包括对所在地经济作出的贡献，如增加就业、刺激消费、提供社区服务等。因此，在财务会计报告中提供有关企业发展前景及其能力、经营效益及其效率等方面的信息，可以满足社会公众的信息需要。应当讲，这些使用者的许多信息需求是共同的。由于投资者是企业资本的主要提供者，通常情况下，如果财务会计报告能够满足这一群体的会计信息需求，也可以满足其他使用者的大部分信息需求。然而，现实中由于我国制度需求主体的多元化和准则供给主体的单一性之间的矛盾，衍生金融工具会计制度在供给过程中的隐蔽性和非公开性，供给时滞的出现，供给主体的有限理性和环境的复杂性、多变性等一系列因素都使制度需求主体在“消费”制度的过程中，将会存在依个体偏好对供给的制度进行“矫正”，产生“上有政策，下有对策”和“准则执行中的机会主义行为”，这一切都会导致所反映的衍生金融工具会计信息不能如实、全面地反映企业的经营成果和财务状况。衍生金融工具会计制度的供求失衡必然加剧会计信息失真。从效率的角度来分析，将会导致制度的低效，随着外部环境和资源条件的变化，这种制度低效会变得日益明显，直至无效。这一事实在问卷访谈的实际调查中也得到有力的验证。事实上，由于我国衍生金融发展的局限性，导致在相当大的程度上使用衍生金融工具会计制度的客观条件并不存在，真正衍生金融产品和衍生金融交易的数量很少，也难以达到国际认可的水平，因此导致所反映的衍生金融工具会计信息能符合国际要求并满足衍生金融工具会计信息的相关性和可靠性的必然十分有限。这样，不仅不能降低国际交往的交易成本，反而会因为会计信息成本的提高，导致交易成本的增加；加上缺乏广泛的衍生金融市场为制度根基，以及缺乏对衍生金融高难度专业技术的掌握，造成企业缺乏对衍生金融工具会计制度执行的积极性，必然导致衍生金融工具会计制度供求“形式重于实质”。

（5）衍生金融工具会计制度的供求，实质上是一场巨大和复杂的制度变迁。衍生金融工具会计制度的供求在形式上似乎达到均衡，实际上却仍处于非均衡状态导致供给的制度低效或无效，其内在的矛盾说到底是一种利益关系的变迁，供求失衡的最大难题是存在于“制度摩擦”背后的“利益摩擦”。因此，对衍生金融工具会计制度供求机制的思考，应着眼于如何妥善地解决制度供求过程中发生的各种利益矛盾。

制度进化是一项制度通过自身的修正和改良逐步走向优化的过程，制度变迁则是一种具体的制度形式对另一种制度形式的替代。判断制度优劣的标准是资源配置的效率，在未能有效提高社会资源配置效率的状态下，制度本身必然存在改进的余地或者会被更有效的制度替代。衍生金融工具会计制度供求变迁的本质是一个从制度供求形式均衡到制度供求实质非均衡，再到制度供求实质均衡的往复循环发展过程。因此，衍生金融工具会计制度伴随我国衍生金融市场的建立与发展，也势必达到制度供求的真正均衡有效。青木昌彦（1998）认为："制度的本质特征被认为是参与人行动选择的自我实施规则，在重复博弈的状况下，它们能规制参与人持续不断的互动过程，形成博弈的内生规则，所有参与人按此行动，均衡就会被维持。"

第二节　金融危机引发的进一步解释

2008 年全球经济经历了一个动荡时期，上半年，正当本命题研究接近尾声，我国进入"结构性价格调整"之时，经济变化不是以年、月计算，而是表现为日和时。首先，消费物价仍持续上涨，截至 2007 年底，全国居民的消费价格指数都有不同程度的上涨，价格变动是市场经济的常态，市场经济就是通过价格的变化来引导资源的配置。需求扩大、成本上升、供应减少，这些都会推动价格的上升。因此，2008 年物价仍保持上涨的态势。其次，美元对人民币汇兑中间价屡创新高。据统计，自 2005 年 7 月我国进行汇改起，美元对人民币按 8.11 汇率计算，汇改以来人民币累计升值幅度已达 10.28%；而 2008 年开始，美元对人民币汇兑中间价又连续创下新高，突破 7.15。根据这样的发展趋势，人民币汇率将继续保持升值的态势。据花旗银行首席经济学家沈明高于2007年预测，2008年人民币汇率全年升值幅度将达到7.5%左右。再次，国际原油持续供应紧张。2008年初，国际原油市场更突破每桶100美元大关，由于美元是全球原油交易唯一的标价货币，美元与原油挂钩赋予美国重大利益，同时造成原油价格与美元汇率反向运动的逻辑关系，2008年美元将进一步持续贬值，人民币不断升值。事实上，我国贸易顺差规模增加、巨额外汇储备压力不断加大、国内通货膨胀的压力不断显现，我国发展面临更大的经济不稳定风险。

反观美国市场，2008年初，受到政府支持的机构——美国最大的两家住房抵押贷款公司房利美和房地美的债券开始被大举抛售，这预示着整个房地产行业开始全面崩溃。2008年3月11日，贝尔斯登宣布破产，3月18日，美联储降息75点，这使联邦利率在不到两个月时间里下降了200点。美联储巨幅降息的主要原因是糟糕的经济状况，失业率上升，零售疲软，工厂产出下滑。有迹象显示，经济和房屋市场正在形成恶性循环。伴随着美国经济的恶化，美元持续贬值并跌破历史低点，3月，美元深幅下挫，国际原油期货价格如脱缰野马直奔150美元，全球通胀接近失控，越南爆发了恶性通胀，其金融体系顷刻崩溃。

同时，国际金融市场传来“31岁电脑天才‘导演’全球股市暴跌”的惊人奇案。一位名叫杰罗姆·科维尔的法国兴业银行交易员自2007年初开始对欧洲股市未来走向投注，“悄然”创设高达500亿至700亿欧元的多头仓位，由于全球股市动荡，科维尔不得不直面亏损的情况，为掩盖自己的操作踪迹，科维尔通过建立虚假对冲头寸造成法国兴业银行高达49亿欧元（约71亿美元）的股指期货交易亏损，并直接引发了欧洲股市的暴跌。这起欺诈案件是金融史上由单个交易员所为的最大的一桩案子，法国兴业银行此次亏损金额超过了美国商品期货对冲基金公司在2006年亏损的66亿美元，同时也是巴林银行1995年14亿美元亏损的5倍多。法国兴业银行具有200多年的悠久历史，创建于拿破仑时代，经历了两次世界大战并最终成为法国商界支柱之一，现为法国第二大银行，因在复杂的股票衍生金融产品投资领域的业绩而享有盛名，现也因衍生金融产品的投资失败而面临倒闭的危险。

进入2008年下半年，全球经济发生了急转直下的变化，源于美国次贷引发的金融危机迅速蔓延并席卷全球。8月，美国哥伦比亚银行和信托公司倒闭，成为当年第九个破产的银行。9月，资产规模达6千多亿美元的雷曼兄弟银行申请破产，规模更大的美林银行被美国银行收购，“两房”被联邦政府住房金融局接管。雷曼兄弟、美林银行的破产彻底摧毁了投资者的信心，因为它们不仅是全球首屈一指的投资银行，更是美国经济崛起和经济繁荣的象征。10月，全球股市恐慌暴跌，其中俄罗斯股市一天暴跌16.7%，两次宣布停止交易，股票市场的“老祖宗”英国股市创下历史最大单日点数跌幅。10月，全球六大央行联袂降息，但仍然未能缓解市场忧虑情绪，道指失守9 000点大关，全球股市继续暴跌。除了股票市场，全球商品市场下跌势头更加猛烈。8月到10月，以原油为首的商品价格空前剧烈地下跌，下跌幅度比上涨时更让人瞠目结舌，原油价格从70美元涨到147美元用了一年时间，但跌回70美元仅仅用了两个多月。在经历如此触目惊心的金融崩溃之后，没有人相信经济仍会继续正常运行，越来越多的人认为这将成为“大萧条以来最严重的危机”。这场危机不仅发生在次级债券市场和金融市场，而且已经从房地产扩散到制造业、服务业的所有产业；这场危机也不仅发生在美国，还发生在欧洲、日本，现在已经进入包括世界发达经济体的所有国家，包括新兴经济体国家，也包括中国。大部分国家的股票市场都纷纷大跌了50%，而中国资本市场更是受到猛烈冲击，中国股市在不到一年的时间里，从2007年10月份的最高点6 000点位猛跌到2008年10月份的2 000点位下方。更有甚者，美国这次由次贷危机引发的金融危机，其进一步引发消费紧缩，从而减少出口，进而减少从中国的进口，使中国外向型企业订单减少，引起巨幅减产、停产，这在中国表现为外向型实体经济危机。外向型实体经济不振，失业人员增加，最终导致两种结果，一是民众收入减少，内需紧缩。内需紧缩与外需紧缩接踵而至，导致整个实体经济下滑。二是外向型企业转型为内需，加剧国内市场竞争。有限的市场与大量的生产能力寻求出路的矛盾将会加剧，一部分实体经济将不可避免地破产、倒闭。人类历史上一次史无前例的经济危机到来。

事实上，金融危机虽源自次贷危机，但罪魁祸首并不是次贷危机，次贷危机之所以最先出现只是因为它是金融泡沫中最薄弱的部分。次贷危机更像引起金融雪崩的雪球，雪球越滚越大，丝毫没有停止的迹象。那么，造成这次金融危机的罪魁祸首是什么？那就是这几年滋生的巨量房地产泡沫与金融杠杆相关的衍生金融品泡沫。首先，自20世纪90年代，新经济（以新技术与风险投资相结合的新经济模式）泡沫破裂以后，美联储为了刺激经济复苏而大幅降息，利率一直降到1%的历史低点，这样，一个巨大的泡沫——房地产泡沫就催生出来了。其次，在近几年，与金融杠杆相关的衍生金融品交易发展迅猛，新产生的衍生金融品交易模式层出不穷，相关的金融投资更是蜂拥而至。这时，投资风险已被金融创新将会带来的巨大的长远社会利益（格林斯潘语）所掩盖，没有人意识到风险会如此之大，造成的损失会如此惨烈并波及实体经济。投资银行等机构对金融产品的过度创新，相关金融监管机构疏于监管，加上美国社会的超前消费，加速了全球金融危机的爆发。同时，美国借助过度金融创新，引导其他国家投资者购买其金融产品，使全球资源不断流向美国，导致全球经济因投资美国衍生金融产品而遭到重创。以我国为例，在金融危机中，我国许多上市公司因为投资衍生金融产品而出现巨亏。如中信泰富（00267. HK）的“炒汇门”事件：据报道，因澳大利亚铁矿石项目进行的杠杆式外汇买卖合约，中信泰富有限公司已亏损共8.08亿港元；而仍在生效的杠杆式外汇合约，按公平价定值的亏损更高达147亿港元。还有国泰航空（00293. HK）的“燃油掉期”事件、东方航空（00670. HK）的航油期权亏损事件、碧桂园（02007. HK）的因投资衍生金融品巨亏事件。另据国资委资料统计，截至2009年第一季度的资料显示，有28家中央企业在做各种衍生金融品业务，终以亏损居多……

无情的事实一次又一次验证了衍生金融工具的双刃性，这也应验了我国的一句老话——“水能载舟，亦能覆舟”。随着世界衍生金融产品的不断创新，它能带给世界经济巨大的收益。但由于衍生产品的高杠杆性，也意味着世界将面临巨大风险的可能性。而在我国特有的体制下，国家作为一个权力和国家资本的利益主体，应该清醒地认识到，国家在全球化背景下获得经济收益的同时，金融市场中隐含的巨大风险也是我们应该面对的。一旦风险发生，损失的不是一个企业、一个集团，最终失败的将是整个国家！

我们希冀衍生金融工具会计制度供求变迁的步子可以更扎实些，制度供求的收益群体可以更广泛些，但我们也应该清醒地认识到：由于制度供求的约束条件是制度的边际收益等于边际成本，因此决定了在我国衍生金融工具的会计制度供求变迁中形成的制度均衡必然是边际的和局部的，这也意味着衍生金融工具会计制度供求变迁应是一个渐进与漫长的过程。

第三节　制度安排创新：理论与模型

一、制度安排创新理论描述

从衍生金融工具供求机制的研究分析可知，要使新的知识和社会资源的合理配置及社会财富源源不断地涌现，以最终推动社会的进步，其核心就是要进行制度安排的创新。而制度安排创新的实质就是人们在现有的生产和生活环境条件下，通过创设新的、更符合市场发展规律的、更能有效激励人们行为的制度和规范体系来实现社会的均衡发展和变革的持续。所有创新活动都有赖于制度安排创新的积淀和持续激励，通过制度安排创新得以固化，并以制度化的方式持续发挥着自己的作用，这是制度安排创新的积极意义所在。

著名经济学家L. E. 戴维斯和D. C. 诺斯在《制度变迁与美国经济增长》[①] 中认为：技术和结构的外在变迁的来源如能被利用，它将能导致一个更大的总收入，当然它也可能给参加利用活动的行动团体带来更大的收入。如果单单一种类型的制度安排就能够捕获外部利润，决策规则就会很简单——因为这种安排得到了创新。但是，如果存在着几种选择，决策最好通过略作修正了的投资模型来检验。从“成本—收益”分析来看，一项新的制度安排只有在创新的预期净收益大于预期的成本时才会发生。也就是说，正是获利能力无法在现存的安排结构内实现，才导致了一种新的制度安排的形成（或变更旧的制度安排），仅仅断言在收入变动与安排创新之间存在一种相互关系就差不多已经取得了有意义的一步。然而，我们的目的需要一种理论以助于预测（或解释）这些新的或更替性安排的形成。这一理论尤其要能预测新的制度安排（个人的、社会利益群体或政府的安排）的水平以及对潜在利润的认识与新的安排形成之间所经历的时间期限。通常来说，一种制度安排创新又分两种情形：第一种情形是由市场规模扩大、生产技术进步和社会集团对自己收入预期的改变促成“制度创新”。因为这些因素的变化，将会促使成本和收益之比发生变化，比如市场规模的变化会改变既定制度安排下的收益和费用；技术进步会使得制度创新变得有利可图；社会中各种团体对收入的预期改变会使他们对新制度安排的收益与费用作出重新评价等。也就是说，创新改变了潜在的利润，创新成本的降低使安排的变迁变得合算了。因此，制度均衡状态（安排的变迁将得不到任何好处）在任何时候都是有可能的。但是，成本与收益的变动也会使制度产生不均衡，并诱致安排的再变迁。尽管大多数经

---

① ［美］L. E. 戴维斯，D. C. 诺斯. 制度变迁与美国经济增长. 上海：上海三联书店，1993

济模型将现存的制度安排视为既定，但我们的目的是要将这一常量变成一个变量。我们的基本假定是，安排变迁的诱致因素是期望获取最大的潜在利润。当上述各要素共同作用，其结果就会推动制度创新。第二种情形是由技术创新、信息传播、有利于创新的社会科学知识进步等创新成本的降低导致“制度创新”。制度安排创新的真正原因在于创新成本的降低，可以使在新制度安排下的经济行为主体获取潜在的利润。

二、制度安排创新模型分析

如前分析，如果单单一种类型的制度安排就能够捕获外部利润，决策规则就会很简单——因为这种安排得到了创新。但是，如果存在几种选择，决策最好通过略作修正了的投资模型来检验。假设：

（1）PV 表示决策单位期望从某些特定的组织形式的创新中能够获取的净收入现值。下标 i，v，g 代表组织的层次（个体的、自愿团体的和政府性的），数字 1，2，…，m 表示特定的安排。

（2）R 代表初级行动团体从新安排创新中获得的预期报酬，下标 1，2，…，n 表示预期报酬的年份，上标 i（1，2，…，m），v（1，2，…，m），g（1，2，…，m）分别表示一种安排的层次和名称。

（3）r 是与决策单位所包含的选择相适应的贴现率。

（4）Co 是组织一个上标中的特定层次与特定名称的新安排的预期成本。

（5）Cs 表示有关上标所不期望的决策带来的预期阻滞成本，阻滞成本为相反决策的成本乘以它们发生的概率。

（6）Cr_n 是决策单位在确定的上标 n 年中对某种安排所承担的预期经营成本。其中，在个体预期安排中，我们可有如下排列：

$$PV_{i1}=(R_1^{i1}-Cr_1^{i1})/(1+r)+(R_2^{i1}-Cr_2^{i1})/(1+r)^2+\cdots+(R_n^{i1}-Cr_n^{i1})/(1+r)^n$$

$$PV_{i2} = (R_1^{i2} - Cr_1^{i2}) / (1 + r) + (R_2^{i2} - Cr_2^{i2}) / (1 + r)^2 + \cdots + (R_n^{i2} - Cr_n^{i2}) / (1 + r)^n$$

……

$$PV_{im} = (R_1^{im} - Cr_1^{im}) / (1 + r) + (R_2^{im} - Cr_2^{im}) / (1 + r)^2 + \cdots + (R_n^{im} - Cr_n^{im}) / (1 + r)^n$$

现值计算的有关成本与收入是行动团体所期望得到的，这些预期值是成本或收入的估计数乘以反映事实上能够实现的估计水平的某些因子（P）的结果。因此，我们可将上面等式中的 n 年的收入成本项作如下修正：

$$[(P_n^{im} \cdot P_r) - (Cr_n^{im} \cdot P_{cr})]$$

其中，P_r 是 P_n^{im} 实现条件下的概率，P_{cr} 是 Cr_n^{im} 实现条件下的概率。这一附加使表述变得非常困难，因此我们没有将它直接包括进去。但是，读者应该意识到，某一具体安排的现值可能因为相应的成本收益的估计发生变化而变化，也可能因为它们实现的概率的变化而变化。

像在任一模型中成本和收入在时间上会推延一样，这些流量的现值也因未来的美元价值低于现值这一事实而打折扣。在成本方面，如果账单要到明年才偿付，那么货币在这一年是可以赚取利息的，所以成本的现值就是它的美元值减去账单到期之前这笔钱的投资所得。而在收入方面，则可运用相反的逻辑得出结论。它们的价值要低于现期收入，因为你可能放弃了从现在到到期日期的投资总额所可能获取的利息。当然，合适的贴现率是决策单位能够借贷的利息率，或者是它们对自己资源的可选择使用时所期望获得的利率。

举例来说，某一具体的个人安排的现值（PV_{i1}）等于每年的预期报酬的贴现值减去行动团体所承受的安排运作成本以及该安排预期生命期间的年度自然增长利息的总和。任何其他可选的个人安排的现值（PV_{iz}，…，PV_{im}）都可用同样的办法计算，尽管成本和收益是对每种特定的安排才适用的，在个人安排中，由于不存在组织费用，也不会遇到因对某一决策的厌恶而引起的“阻滞”情境，所要考虑的只是在安排运作中所必然带来的成本。

在自愿合伙组织的条件下，公式须稍作变动。尽管成本和收入流量看起仍未以相同的顺序出现（当然它们并不一定如此），但存在了一个附加项，即组织成本。而且，成本必须有人承担，所以，它不经任何折现：

$$PV_{V1} = -Co^{V1} + (R_1{}^{V1} - Cr_1{}^{g1})/(1+r) + (R_2{}^{V1} - Cr_2{}^{V1})/(1+r)^2 + \cdots + (R_n{}^{V1} - Cr_n{}^{V1})/(1+r)^n$$

$$PV_{V2} = -Co^{V2} + (R_1{}^{V2} - Cr_1{}^{V2})/(1+r) + (R_2{}^{V2} - Cr_2{}^{V2})/(1+r)^2 + \cdots + (R_n{}^{V2} - Cr_n{}^{V2})/(1+r)^n$$

……

$$PV_{vm} = -Co^{vm} + (R_1{}^{vm} - Cr_1{}^{vm})/(1+r) + (R_2{}^{vm} - Cr_2{}^{vm})/(1+r)^2 + \cdots + (R_n{}^{vm} - Cr_n{}^{vm})/(1+r)^n$$

最后，在可能的政府性安排的报酬表达式中，不仅包括了组织成本，也包括你不喜欢的决策的“阻滞”成本。后一方面的成本存在于组织的整个生命期，因此，它是需要折现的。然而，我们假定这类成本至少可以从一个阶段转移到未来，而且在政府组织的条件下，并非所有的运作成本都要由创新团体来承受，有时它可能把成本的一部分转移到国家身上。这样，只有必须由创新单位承受的成本才和我们相关，公式如下：

$$PV_{g1} = -Co^{g1} + (R_1{}^{g1} - Cr_1{}^{g1*})/(1+r) + [R_2{}^{g1} - (Cr_2{}^{g1*} + Cs^{g1})]/(1+r)^2 + \cdots + [R_n{}^{g1} - (Cr_n{}^{zg1*} + Cs^{g1})]/(1+r)^n$$

$$PV_{g2} = -Co^{g2} + (R_1{}^{g2} - Cr_1{}^{g2*})/(1+r) + [R_2{}^{g2} - (Cr_2{}^{g2*} + Cs^{g2})]/(1+r)^2 + \cdots + [R_n{}^{g2} - (Cr_n{}^{g2*} + Cs^{g2})]/(1+r)^n$$

……

$$PV_{gm} = -Co^{gm} + (R_1{}^{gm} - Cr_1{}^{gm*})/(1+r) + [R_2{}^{gm} -$$

$$(Cr_2^{gm*} + Cs^{gm})] / (1+r)^2 + \cdots + [R_n^{gm} - (Cr_n^{gm*} + Cs^{gm})] / (1+r)^n$$

为了选出一种最有利的安排，决策者将比较每种可选择的竞争性组织的净现值，从中选出一个最大正现值的形式。如果所有现值为负，那么，就不会有什么创新。一直要等到收入上升或成本降低到足以产生一个经济上可行的安排后才会有创新，尽管这个表达式过于简单，由于用于报酬和成本的贴现在时间上会延滞，因此，支付与收入的时间结构对所选择的安排水平可能具有重要意义。具体来说，第一，由于组织成本是不能推迟的，所以当利息率较高时，组织与首笔报酬的实现之间所经历的时间就特别重要。由于自愿联合的成员之间的协议常常取决于广泛的和过于长时间的讨价还价，因此，在发展的初级阶段当利息率较高时，政府恰当地提供了选择的安排。进而用相同的理由可以部分地解释自愿合作团体若能重新调整一下现存组织的目标，而没有导致一个新安排的整个组织成本，那么，自愿合作团体的收入可能会自然增长。第二，贴现率愈高，从一项组织创新的安排变迁中获取较小的但是稳定收入的预期能诱致组织创新的可能性愈小；同时，如果有一个较大的预期初始报酬，尽管它持续时间很短，也能诱致一个即便是具有较高贴现率的创新。第三，由于创新时必然产生组织成本，则那些决策所不期望的“阻滞”成本也会存在于安排的整个生命期。如果其他方面相同，那么可以预料，在发展的早期，当利息率较高时，会存在一种选择政府性安排的倾向，因为政府性安排的现值相当低，因此其中有一部分成本是长期被延滞的。

由于个人和个人组成的团体有着不同的内含贴现率，安排的选择就会因为相应决策单位掌握资本市场的途径不同而有所差异。团体所面临的贴现率越高，决策机构的组织成本增加越大，行动团体就越有可能选择倾向于当前报酬流量的安排。因此，模型预言容易进入资本市场的大商业企业将更有可能组成自愿合作的安排，而小商贩、劳动者和消费者团体则愿意获得政府水平的制度安排。

投资理论似乎提供了一种安排性选择的模型，但是，也正是技术变迁理论和现代科学理论帮助我们解释了对现在制度安排的外部利润的认知和能影响它们的内部化的安排创新之间存在时滞的原因。

本章小结

衍生金融产品为全球经济发展带来了巨大的杠杆作用，从而也带来了巨大的风险。风险可以转移，但是不会消失。事实上，不懂得衍生金融产品的实质，这本身就是一个很大的风险。解决问题的关键在于采取切实结合我国的衍生金融市场的实际，进行制度安排的创新。一项制度安排之所以被创新，之所以影响到制度变迁，主要是因为：一方面有许多外在性的变化促成了潜在利润或外部利润的形成，另一方面又由于存在对规模经济的要求，以及厌恶风险、市场失败、政治压力等原因，这些潜在的外部利润无法在规定的现有制度安排结构内实现。因而在现有制度安排下的某些人为了获取潜在利润，就会率先来克服这些制度障碍，由此导致制度安排的创新，并进而形成制度变迁。由于制度创新存在着一定的时滞性，因此由制度创新决定的制度变迁是缓慢进行的。

第七章　构建基于科学发展观的衍生金融工具会计制度供求机制

第一节　积极推进我国衍生金融市场的基础设施建设

众所周知，会计是一个信息系统，是以货币为计量尺度，运用一系列程序和方法连续记录经济业务，反映和监督经济活动中价值运动过程的一项经济信息管理工作。会计程序与方法中的确认、计量、记录和报告这四个方面是会计行为的运载核心，其中，提供财务报告信息是会计的主要职能。财务报告信息作为整个会计系统的最终产品，是以浓缩的、综合的、系统的、分类的形式反映企业财务状况与经营成果的书面文件。而会计制度作为资源配置和产权制度产生、传导信息的机制，决定了会计的目标是提供决策有用的信息，因此，提供决策有用的会计信息是会计的本质也是会计最根本的质量特征。而正是这一本质特征表明，为保证决策的有用性，会计信息的相关性和可靠性缺一不可。因此，要切实改进衍生金融工具会计制度的供求变迁机制。笔者针对目前我国资本市场发展中存在的问题，为了减轻当前各经济主体投资行为变化对资本市场，特别是对衍生金融品推出和建设产生的投机预期等不利影响，提出以下几点政策建议以供选择：

（1）从目前来看：①权力机构应保持资本市场的平稳发展，使各经济主体对投资资本市场形成合理的收益预期，政府应设法减轻股市的剧烈震荡，必要时可考虑对沪、深股市采取一些必要的措施，如对沪、深股市的综合指数在一定的股指区间范围内实行涨跌停制度，减轻股市震荡的幅度，保持资本市场健康有序发展。②加强对信贷资金和境外资金流入股市的渠道、规模的监测分析，提高宏观调控的针对性和有效性。③作为衍生金融主要需求实体的商业银行需冷静应对资本市场快速发展的现实和趋势，积极拓宽资金来源渠道。

（2）从长远来看：①应积极推进我国衍生品金融市场的基础设施建设。中国人民银行发布的《2008 年中国金融市场发展报告》指出，目前中国金融产品创新不足，衍生金融产品也处于初级阶段，难以满足国内投资者多层次的投资和避险需求，也降低了社会闲散资金转换为投资的效率。因此，要在风险可控的条件下，继续推动货币市场工具创新、风险与收益匹配的债券品种创新，要协调好金融市场体系各子市场间的关系，既要防止单个子市场在一段时间内发展过快、过猛而导致的暴涨暴跌，又要防止某个子市场发展的停滞不前；要推动金融产品一级市场、二级市场协调发展，不断加强二级市场交易工具创新，还要积极推动场内外市场的协调发展。央行强调要“推动交易所股权类、标准化衍生产品发展，推动场外市场发展各类固定收益类产品和场外衍生产品，进一步丰富金融市场套期保值和避险工具”，同时要稳步推进利率市场化与人民币汇率形成机制改革，增强金融机构和企业对价格信号的灵敏度，提高其风险定价能力和水平。②随着我国利率市场化的推进，市场化融资方式的作用将逐步得到强化，商业银行抓住资本市场快速发展带来的契机，扎实完善金融基础业务，在此基础上研究创新衍生金融产品，推进衍生金融产品市场的建立、建设和发展。③在技术系统建设方面，围绕多层次、多品种、跨市场的基本目标，打造一个具有更高效率、容量和安全性，更强的可扩展性、业务适应性的技术系统，以涵盖现货与期货、国内与国际、前端与后端无障碍连接的新时期技术体系。为此，应确保资本市场，特别是金融市场技术系统的先进性，充分借鉴国际上最先进的技术系统特点，在考虑成本效益原则的前提下，鼓励自主创新。并对现有技术进行优化和完善，确保衍生金融产品推出时，其发行上市、交易运营、信息服务、市场监管和内部管理等方面能得到有力的支撑和安全保证。④加大风险调控管理力度，从事衍生金融产品业务，企业应根据自身条件和外部环境，围绕企业发展战略，确定风险偏好、风险承受度、风险管理有效性标准，选择风险承担、风险规避、风险转移、风险转换、风险对冲、风险补偿、风险控制等适合的风险管理工具的总体策略，并确定风险管理所需人力和财力资源的配置原则。通过在企业管理的各个环节和经营过程中执行风险管理的基本流程，培育良好的风险管理文化，建立健全全面风险管理体系，包括风险管理策略、风险理财措施、风险管理的组织职能体系、风险管理信息系统和内部控制系统，从而为实现风险管理的总体目标提供合理保证。⑤管理者应及时更新管理理念，积极消除“路径依赖”观念，衍生金融工具无论是产品特征还是制度特点，都与传统商品存在着极大的差异。而衍生品市场的风险和危机，除市场的固有因素外，更多的是管理者的主观失误导致，由于缺乏应有的专业知识和技能，旧的观念不断干扰着应有的正确决策，“中海油”事件的惨痛教训值得深思。因此，对衍生金融工具在资本市场的应用与推广，笔者认为需要花大力气对管理者的管理理念、管理体制、管理能力、管理技能、管理者自身素养进行培养和提高，以期使管理者能真正适应新时期的市场发展要求。

中国银监会主席助理王华庆指出：要为衍生金融产品市场建设发展营造良好的市场基础环境，不断研发并丰富我国衍生产品市场的交易品种，提升我国衍生产品设计与定价能力。随着衍生金融产品市场的建立、发展与丰富，该能力的提升不应只运用在银行业，更应推向全社会。

第二节 实质重于形式与衍生金融工具会计制度的供求选择

新制度经济学有效地把“供给—需求”的理论分析拓展到制度分析领域。科斯认为，制度是在变化所得利益超过变化所需成本时改变的，从而确立了交易成本在影响制度安排的选择中的重要性。根据立法学原理，立法对国情具有依赖性。各国立法不仅没有固定模式，而且必须有自己的特色，这种特色正是一国国情的反映。从我国现有的情况来看，衍生金融工具会计制度的供给应建立在我国经济发展的基础上，建立在我国衍生金融发展的广袤市场上，只有满足这些需求，衍生金融工具会计制度的供给才是科学有效的供给，衍生金融工具的会计立法才是科学有效的立法。同时，结合国外基于市场主导下的衍生金融工具会计制度供求的成功经验以及新制度经济学在我国经济改革实践中应用的成功经验，笔者认为，在衍生金融工具会计制度供求机制研究的过程中，需要关注下列实质性选择：第一，权力机构应当根据衍生金融建立发展的各个阶段对衍生金融工具会计制度需求形成的制度均衡的约束条件选择正确的制度变迁目标，以合理使用资源。交易费用最低作为一项普遍原则，需要结合具体情况，综合加以应用。从总体上看，由于形成新的制度均衡的最优条件是边际成本等于边际收益，因此在这种情况下，应选择衍生金融市场发展的边际均衡作为交易费用最低的衍生金融工具会计制度供求发展战略。欧盟的做法值得我们借鉴，有保留、有选择的趋同才是持续发展下的最佳选择。第二，政府应根据各个方面形成新的制度均衡的约束条件规划发展衍生金融工具新的会计制度，以合理配置资源力量。由于复杂的制度结构中不同制度安排的约束条件不同，从而使制度变迁中的各项成本有所不同，可选择以局部均衡推断全局战略均衡作为衍生金融工具会计制度的发展选择。权力机构需要根据我国衍生金融市场的发展进程，适度超前地研究与规范衍生金融市场中预期要形成的各种复杂的衍生金融工具的会计事项，以增强衍生金融工具会计信息反映和监督的相关性和可靠性。

第三节　建立市场主导型的衍生金融工具会计制度供求模式

制度供给的市场主导模式强调经济实务即衍生金融市场的交易活动，认为衍生金融市场交易活动是制定衍生金融工具会计制度的基础。它从发生的衍生金融交易活动中积累的会计经验或惯例中概括出为人们所接受的原则，因而可大大减少衍生金融工具会计制度在供求变迁中的交易成本。这是因为，市场竞争机制要求提供一个公平的竞争环境，在会计上则要求确立一个公认的规范标准，从而可以有效减少会计领域里发生的“提供虚假信息”和“隐瞒信息真实”等行为。

市场主导模式下制定的衍生金融工具会计制度若来之于市场，且用之于市场，则一方面可有效减少衍生金融工具会计制度供求的实施成本和摩擦成本，使广大的利益群体能较容易了解并掌握衍生金融工具的基础机能，使工作操作顺手，也可以减少衍生金融工具会计制度的运行成本；另一方面，衍生金融工具会计制度若采用市场主导模式下的制度供给，就可以避免政府主导模式的太硬的制度刚性，因而能对实际供给的衍生金融工具会计制度作及时的调整和修订，避免许多不必要的运行损失。

第四节　衍生金融工具会计制度的供求机制与制度创新

从前述章节分析我们可知：目前我国衍生金融市场存在缺失、知识积累存在缺乏、实施成本高且导致衍生金融工具会计制度的实施受到严重限制，衍生金融工具会计制度主要靠“引进”，而这种引进的制度供给远远大于社会利益群体对该制度的真正需求，造成了衍生金融工具会计制度供求的不均衡状态，由此容易引发一系列的问题，因此迫切需要研究符合我国衍生金融市场实际需求的会计制度创新来弥补这种制度安排的缺失。众所周知，衍生金融市场发展与衍生金融工具创新具有十分紧密的关系。随着我国经济进一步发展、资本市场进一步开放，金融体制将进一步改革，目前我国的金融正逐步地实现资本项目下的货币可自由兑换。金融是“现代经济的核心”，我国要成为经济强国，必须要有现代化金融，而衍生金融创新是关键，是整个金融创新的核心内容之一。但其中也离不开企业制度的创新这重要一环，企业制度的创新对于衍生金融工具会计制度的建立虽然只具有间接的影响，但只有企业制度创新，才能使企业成为市场经济的主体，成为独立的生产经营者，自负盈亏，自担风险；也只有这样，企业才有内在动力来利用衍生金融工具规避风险；也只有在这样的生产和生活环境条件下，企业才能通过创设新的、更能有效激励人们行为的制度来实现社会的持续发展和变革的创新。所有的创新活动都有赖于制度创新的积淀和持续激励，通过制度创新得以固化，并以制度化的方式持续发挥着自己的作用，这是制度创新的积极意义所在。因此，要真正建立、发展符合我国社会实际的衍生金融工具会计制度，创新的核心内容就是要紧密配合我国社会政治、经济和管理制度的革新，实现组织与其外部环境相互关系的变更，实现支配人们行为和相互关系的制度变迁，直接激发人们的积极性和创造性，促使衍生金融产品伴随不断创新的知识和社会资源的合理配置而源源不断地涌现。规范资本市场资源配置，使传导衍生金融信息的会计制度得以建立并随衍生金融市场的研究发展而得以不断推陈出新，不断完善，社会财富资源才能不断壮大，最终推动社会进步。

著名经济学家默雷尔教授（1992）指出："制度供求是一场复杂的社会变革，如同'攀着石头爬山'，放弃诱致性制度供给，采用强制性制度供求，导致最严重的问题是会损害经济体系的逻辑一致性。"因此，衍生金融工具会计制度供求的最好的方式是分步推进、稳步进行，根据衍生金融品市场的发展进程，采用诱致性会计制度供求机理，在衍生品市场的建立和发展中不断摸索、学习和完善。其中可充分借鉴西方先进的做法，试错是允许的，试错的过程实际上正是信息积累的过程，只有这样会计信息的供求机理才能真正满足国家可持续性的发展战略要求。

针对技术演进中的轨迹依赖，诺斯把前人关于技术演变过程中的自我强化现象的论证推广到制度变迁方面来，从而提出了制度变迁中的轨迹和路径依赖问题。他指出，新技术的采用往往具有报酬递增的性质。由于某种原因首先发展起来的技术通常可以凭借先占的优势地位，利用规模巨大促成的单位成本降低，普遍流行导致的学习效应提高，许多行为者采取相同技术产生的协调效应，在市场上越是流行就促使人们相信它会进一步流行预期等，实现自我增强的良性循环，从而在竞争中胜过自己的对手。相反，一种具有较之其他技术更优良的品质的技术却可能由于晚人一步，没有能获得足够的追随者而陷入恶性循环，甚至"锁定"在某种被动状态之下，难以自拔。

著名会计学家葛家澍教授（2007）提出："积极开展创新研究，就是适应建立创新型国家的要求，加强具有自主创新发现和观点的原始创新、各种理论有机融合的集成创新和在消化吸收国际主流会计理论研究成果的基础上进行的再创新。没有创新和再创新就没有中国魅力和影响力，创新是开创会计理论繁荣发展期的动力，是使中国会计融入世界并具有国际影响力的基础。开展创新研究是贯穿会计研究的核心。”①

目前，我国经济社会发展正处在十分重要的关头。经济结构调整是落实科学发展观的必然要求，而提高自主创新能力则是推进我国经济结构调整的中心环节，是推动经济长期平稳较快发展和建设资源节约型、环境友好型社会的主导力量，同时也是提高我国国际竞争力和经济整体抗风险能力的根本途径。而围绕衍生金融工具的高、精、尖技术难度，如何实现从“美国创造”到“中国制造”、由“中国制造”到“中国创造”的质的飞跃和改变，这完全取决于我国衍生金融工具的自主创新能力的提高。只有这样才能真正实现衍生金融市场又好又快地发展，也才能真正实现衍生金融工具会计制度的创新。

第五节　高质量的衍生金融工具会计制度供求与人才培养

知识基础和创新成本是制度供求的两个重要因素。要完善衍生金融工具会计制度的供给，知识的基础和技术的进步应来自我国资本市场的实践积累与需求，而不是对国外制度的简单的“复制”。众所周知，科学技术是第一生产力，是推动人类文明进步的重要力量。纵观人类文明的发展史，我们可以清晰地看出，一个国家要繁荣富强，就必须不断采用先进的生产方式以创造强大的社会生产力。而先进生产方式的灵魂就是自主创新能力。进入21世纪，科学技术发展日新月异，科技进步和创新日益成为增强国家综合实力的主要途径和方式，依靠科学技术实现资源的可持续利用、促进人与自然的和谐发展日益成为各国共同面对的战略

① 葛家澍．创新与趋同相结合的一项准则——评我国新颁布的企业会计准则——基本准则．会计研究，2006（3）

选择。科学技术作为核心竞争力日益成为国家间竞争的焦点。

单纯依靠大规模引进国外先进技术，引进国外的会计制度准则，一来会使我国经济的发展过度依赖国外，经济安全受到潜在威胁，并将影响国家竞争力的提升，使我国在国际产业分工中处于不利地位。二来许多制度的引进，只能是引进制度的形式，而要真正反映制度的实质，只有靠自己的力量去发明创造，因此，必须倾注全力推动落实建设创新型国家战略。技术创新如此，制度创新更是如此。胡锦涛总书记多次强调，建设创新型国家，核心就是把增强自主创新能力作为发展科学技术的战略基点；就是把增强自主创新能力作为调整产业结构、转变增长方式的中心环节；就是把增强自主创新能力作为国家战略，贯穿到现代化建设各个方面。

国以才立、政以才治、业以才兴，在我国资本市场全球化的背景下，要真正实现会计国际化的战略目标，取得国际会计规则的话语权，人才的培养是十分重要的。按照财政部实施的会计领军人才培养工程要求，中国的会计事业要走向世界，关键是人才。会计人才的国际化是必不可少的。会计人才要真正走向世界，就需要一批具有国际视野、国际资质、国际交往能力和影响力的高素质、复合型、国际化的高端会计人才。这不是一句简单的话，笔者认为，要达到这个目标，需要付出艰苦的努力和经历相当长的时间。在当今经济全球化，特别是金融市场全球化的背景下，所谓“高、精、尖”人才首先表现为对金融市场非常熟悉的人才，特别是对衍生金融工具的运作机能和战略管理非常专业的人才，他们不仅具有丰富的衍生金融理论基础，而且还有丰富的衍生金融实践经验；不仅熟悉我国资本市场的特点，而且对全球化金融市场也应付自如。面对变幻莫测的资本市场，能熟练运用衍生金融工具进行风险防范，又不至于因为缺乏特有的专业技能而枉自“投机”，最终导致失败。他们是金融资本市场领域的顶级专业人才。

由于衍生金融产品的“高精尖”特点，也就意味着要保障这种会计制度安排的供给要具有高度熟练而尖端的人力资源作为基础保证，那么，这种制度安排的设计耗费必然很大。因此，笔者认为，为了有效降低制度安排的交易成本，对知识基础的积累与先进技术的提高可从基础教育抓起，从横向上看，可在高等院校专门开设“衍生金融工具会计专门化方向”专业，系统地学习研究衍生金融工具的理论和运作机理，请国内外衍生金融工具专家进行各种培训，如理论解释和实战讲演，在学生中开展“衍生金融工具的全真模拟实操演练”；从纵向分析，培养档次可逐渐提高，不仅进行学士培养，还进行硕士、博士甚至博士后的培养，以切实实现高素质、复合型、国际化的高端会计人才的培养目标。

对在职人员的提高培养，一方面可以通过各类培训或通过专门的专业化考试，让他们迅速掌握衍生金融工具的运作机理，了解衍生金融工具双刃剑的特征；另一方面可以系统地组织选派人员到高校进一步深造。这就使得“衍生金融工具”这个具有高度专业难度的新生事物，在我国金融市场得到广泛的认识并得到不断完善，使得在衍生金融产品不断推出的进程中，掌握衍生金融工具专业知识不再是某些“高精尖”人士的专利，B－S－M模型不再是某些“高精尖”人士才看得懂的技术，而是像财务管理理论一样为广大企业经营管理人员、财务管理人员所普遍掌握的知识。同时，对从事衍生金融品交易的专业人士要进行风险监控，要对主要操作人员进行实时实地监控，前中后台一定要严格分开，相互制约。要建立起有效的风险评估及预警机制，严格执行风险监控部门的独立报告制度，定期进行外部审计。知识源于实践，富于积累，又反过来指导实践。只有这样，才能真正提供高质量、高水平的衍生金融工具的财务报告信息，才能真正满足广大投资者对会计信息的真正需求，才能真正有利于利益相关者作出正确的决策选择。

在此，值得一提的是，近年来我国香港的备兑权证市场发展迅速，而投资香港备兑权证市场的个人投资者也很多。其中值得借鉴的是，这些发展与权证发行商、交易所重视投资者教育不无关系。为了为投资者提供高质素的投资选择，香港交易所、证监会以及备兑权证发行商都通过不同渠道推广市场教育，增进投资者对衍生权证的认识，协助投资者了解衍生权证的风险及特点。投资者越熟悉权证产品的特点，就越有积极性参与。而参与的投资者越多，越促进发行商设计满足各类投资者需要的不同品种，由此形成良性循环，推动衍生金融市场向纵深发展。

第六节　构建基于科学发展观的衍生金融工具会计制度供求机制

一、以人为本的会计制度供求机制

权力机构和市场在制定会计制度的权利安排均有其优缺点。根据科斯的交易费用理论，某一种安排方式在任何费用都最低的情况是不存在的，理想的安排方式是寻找政府与市场结合与协调的均衡点。

有鉴于此，笔者认为衍生金融工具会计制度供求机制的研究，一方面要正确处理好不同利益集团之间的关系问题，另一方面要尽可能满足在力量上占支配地位的行为主体的利益需求。换言之，衍生金融工具会计作为一种制度供求变迁，其成功与否取决于其效率，且这一效率不仅要从国家角度考虑，更重要的是应从社会效率角度考虑。衍生金融工具会计作为一种制度安排，其稳定是相对的、暂时的，它应伴随着衍生金融环境变化而发生变动。从形式上看，衍生金融工具会计制度供求变迁表现为：①在原有制度的基础上产生新的制度；②调整原有制度并以新的面貌出现；③改变原制度在会计规范体系中的地位；④以新制度形式出现。由此可见，制度变迁理论对于分析衍生金融工具会计制度的供求立项和发展、衍生金融工具会计制度的供求效果以及在促进权力机构与制度需求者的信息沟通等方面均发挥着积极的作用。

1. 我国衍生金融工具会计制度供求应遵循的原则

(1) 循序渐进原则。

今天，对许多人来说，“衍生金融工具”已不再是一个新奇而陌生的字眼，衍生金融工具会计作为规范人们衍生金融工具会计行为的制度约束，作为一种制度形式，已不再离我们遥远。然而在我们的生活中，衍生金融工具的存在却需要我们去面对和探索。因此，在建立真正能反映我国衍生金融工具市场的会计信息的制度时，切不可忽视我国现阶段经济发展的客观现实，以为可以把发达国家较为成熟的衍生金融工具会计理论和方法简单地“移植”到我国。我们需要做的，是适应我国金融工具创新的进程，逐步建立和完善衍生金融工具的会计规范。当然，强调循序渐进原则，并不意味着要教条地等某项衍生金融工具交易已完全定型才来考虑其会计规范问题。事实上，合理的会计规范，对于及时反映衍生金融工具交易的会计信息是有十分积极的作用的。国际经验已经表明，为了规范衍生金融工具交易，宪法秩序应适当在先，宪法秩序作为影响制度供求的外生变量，其变迁直接影响了衍生金融工具会计制度的内生供求。

(2) 国际化原则。

在坚持循序渐进原则的前提下，发展我国的衍生金融工具会计还应遵循国际化原则。这与国际经济一体化要求会计国际协调的原则是一致的。发达国家的衍生金融工具创新较我国先行若干年，经历过许多曲折，相关的会计规范也经历或仍在经历创新，积累了许多成功的经验和失败的教训，不少成熟的做法已逐渐为多数国家效仿，演变成为国际通行做法。此外，就一些共性的衍生金融工具，大多数并不存在地区或国家差别，从这个意义出发，在建立我国的衍生金融工具会计制度体系时，对国外成熟的做法，在不违背我国宪法秩序的前提下，在符合我国衍生金融市场现实的情况下，应尽可能地加以吸收和利用。通过深入细致地研究国外金融工具会计制度供求的成功的经验和失败的原因，以此为基础推出适合我国的衍生金融工具会计制度的改革，在吸收借鉴国外发达国家的成熟做法或国际惯例时，不应简单地“移植”。当前，对衍生金融工具会计的研究，在十分注重对衍生金融工具会计准则的研究的同时，由于衍生金融工具国际会计准则又是在一些发达国家金融工具会计准则的基础上协调形成的，因此，还应注重对具体国家的衍生金融工具会计制度的供求背景和动因进行研究，尤其是美国FASB公布的一些关于衍生金融工具相关会计准则。如果不研究主要发达国家的衍生金融工具会计准则，要清楚地理解衍生金融市场的发展和衍生金融工具会计制度的供求机理几乎是不可能的，至少现在的情况就是如此。事实上，在本书对美国FASB会计准则供求机理进行研究的过程中，我们不难看到，美国衍生金融工具会计制度的供求变迁是紧密结合美国衍生金融市场的发展而发展，随着衍生金融市场的创新而创新的。每次衍生金融工具会计制度变迁背后都隐含着复杂的动因背景。所以笔者认为，要了解衍生金融工具会计制度，不能就会计了解会计，而必须对衍生金融工具会计制度供求变迁的整个过程有一个充分的了解，同时除了了解美国衍生金融工具会计制度的供求外，国际会计准则委员会、欧盟各国家、澳大利亚、日本等会计准则制定机构都在衍生金融工具会计方面进行了较多的探索，并取得了有益的成果。尽管它们的准则在许多方面具有相似之处，但仍各具特色，只有这样，才有可能真正地做到“取长补短”、“洋为中用”。同时，这样做，一方面可以节约交易成本，另一方面也可以缩小我国衍生金融工具会计规范与国际惯例之间的差距。另外，美国和国际会计准则委员会集中了世界上几乎所有在衍生金融工具会计方面有专长的理论界和实务界的人士，在有计划、有步骤地进行衍生金融工具会计研究。对此，我们应予以特别关注，并力争通过各种方式参与进去。这样的话，一方面可以较深入地了解其中的背景和原因，另一方面也可以通过参与来表达我们在衍生金融工具会计国际均衡方面的主张。

（3）强制性供求模式与诱致性供求模式相结合原则。

人们在制度不均衡时追求潜在获利机会的诱致性变迁与国家在追求租金最大化和产出最大化目标下，通过政策法令实施的强制性制度变迁，构成制度供求变迁的两大理论模型，但这并不意味着探寻最佳的制度结构只能从两者中选择其一。在制度供求变迁的系统中，诱致性制度变迁与强制性制度变迁只有反复交替，渐臻耦合，才能发挥制度供求变迁的最佳效用。

总之，无论是出于建立衍生金融工具会计的需要，还是进行其他会计规范，都需要结合我国衍生金融市场的发展的进程，对我国衍生金融会计的基本概念和会计机理进行深入细致的研究。这样才有可能建立科学合理的衍生金融工具会计制度供求体系。

2. 建立均衡和谐的衍生金融工具会计制度供求机制

为了实现衍生金融工具会计制度供求均衡，提高衍生金融工具会计制度供求的使用效率，笔者认为有必要对我国目前的衍生金融工具会计制度的供求机制进行变迁改革，再充分结合我国衍生品的推出和市场的发展需求，对衍生金融工具会计制度实施具体供给。具体来说，首先，增加衍生金融工具会计制度供给过程的透明度。制度供给过程透明度的增加意味着对衍生金融工具会计制度的客观公开。根据研发的衍生金融产品的推出，如实反映衍生金融业务的实际情况。制度供给主体要切实根据衍生金融的业务实际创新设计会计制度，在创新设计的过程中，要反复与社会利益群体进行讨论，及时向社会披露有关的各种征求意见稿和讨论报告，让社会各界充分了解制度供求的基本思想、基本程序和基本进度。其次，对衍生金融工具会计制度供求采用“集权”和“分权”相结合。所谓“集权”就是在我国后续的衍生金融工具会计制度供求变迁的过程中，衍生金融工具会计制度的最终“审定权”和“发布权”属于政府权力部门，这样既符合我国中央集权的管制特点，又可以保证制度的权威性；“分权”就是制度的制定权不能完全被政府权力部分控制，而应让相关的利益主体享有充分的参与权。这样做虽然会增加制度的设计成本，但是有利于降低制度的实施成本，有利于制度的实际运行，并提高制度供求的效率。再次，博弈机理的改进与提高。我国现行制度供求的博弈一般局限在供给者内部，虽然在制度的供给中也征求意见，但是与真正博弈的要求相去甚远。博弈机理的改进就是要把我国未来衍生金融工具会计制度制定中的内部博弈向外部博弈、内外博弈结合转变；在制度供求的制定、运行、反馈过程中充分运用动态博弈。从而使得衍生金融工具会计制度的供求能满足社会各界人士的需要，满足衍生金融市场动态变化的环境需要，使衍生金融工具会计制度的供求均衡逐渐趋向“制度均衡”。最后，强化制度供求的约束机制。一项新的制度安排的实施，必然有一套与之相应的约束机制保证该制度安排的运行。衍生金融工具会计作为一项制度安排，作为一个公共合约，具有较强的技术性。为了保证衍生金融工具会计制度的顺利运行和制度供求的严肃性，在对衍生金融工具会计制度的供给中，权力机构要制定相应的措施、规范来保证会计制度的施行，保证衍生金融工具会计制度供求能和谐均衡地发展。

众所周知，制度均衡是人们对既定的制度安排和制度结构的一种满足状态或满意状态，因而无意也无力改变现行制度。反之，当人们对现行制度不满意或不满足，意欲改变而尚未改变的状态则为制度非均衡。衍生金融工具会计制度变迁正是在这样的机理下，不断地进行“均衡—非均衡—均衡”的循环往复的渐进过程，使制度一步步地从不完善到完善。

二、衍生金融工具会计制度供求的可持续发展

（一）可持续发展的战略目标

众所周知，21 世纪是全球可持续发展的世纪，是中国可持续发展的世纪，根据可持续发展的战略目标，全球经济、社会、资源和环境保护应协调发展，它是一个密不可分的系统，可持续发展既要满足现代人的需求，又不能对后代人满足其需求的能力构

成危害。可持续发展的关键是创新，核心是发展。

（二）实现衍生金融工具会计制度供求的可持续发展

本书运用新制度经济学理论对衍生金融工具会计制度供求变迁问题进行研究的目的就是尝试性地对该论题研究寻找新的突破口。事实上，衍生金融工具会计制度供求变迁的目标并不是一种具体的制度安排，而是现存会计制度变迁中的路径依赖状态下显现的一种制度供求均衡状态，而且这种制度均衡是相对的，它最终会因为衍生金融工具的不断研发创新、衍生金融市场的建立发展、相应衍生金融工具会计制度系统内部的不协调变化和制度系统外部的非制度因素的积累，在某一特定条件下引发对衍生金融工具会计制度的形式供求均衡被突破，重新出现一种新的非均衡状态。可以说，由于衍生金融工具的创新的非终极性，我国衍生金融工具会计制度的供求机制需要依赖衍生金融市场的供求变迁，不断地促进制度由非均衡状态向均衡状态转化。当新的经济环境下出现了制度的非均衡状态，且达到一定的临界点，就必然产生一种新的制度安排来替代旧的制度安排，以促进经济的增长和发展。而新确立的制度安排将成为创新与经济增长的制度框架，它一方面为创新出现和经济增长提供了新的制度支持，成为进一步推动经济增长和社会创新的推动力。创新是经济增长的原因，又是经济增长的结果。另一方面伴随着创新和经济增长它又会成为被新制度替代的对象，衍生金融工具会计制度变迁既是衍生金融产品创新与经济增长的起点，又是衍生金融产品创新与经济增长的终点。因此，衍生金融产品创新、经济的可持续增长和衍生金融工具会计制度供求变迁构成了一个有机的循环系统，它们之间形成的相互促进、相互影响、相互作用的良性循环，不断推动着社会的进步和衍生金融经济的发展。

欧盟在1995年的《创新绿皮书》中认为创新是“在经济和社会领域内成功地生产、吸收和应用新事物。它可以提供解决问题的新方法，并使得满足个人和社会的需求成为可能。”“创新不仅是一种经济机制或技术过程，此外还是一种社会现象。”我国改革开放三十多年来，经济建设取得了巨大成就，但也存在经济结构不合理、经济增长方式粗放、产业技术水平较低、经济运行成本较高等问题，可持续发展面临的资源和环境压力日趋严峻。同时，单纯依靠大规模引进国外先进技术和制度，也会使我国经济的发展过度依赖国外，经济安全受到潜在威胁，并将影响国家竞争力的提升，使我国在经济全球化格局中处于不利地位。况且，许多关系国家安全的核心技术，是引不来买不到的，只有靠自己的力量去发明创造。因此，近几年，我国一直在倾注全力推动落实建设创新型国家战略。胡锦涛总书记多次强调，建设创新型国家，核心就是把增强自主创新能力作为发展科学技术的战略基点；就是把增强自主创新能力作为调整产业结构、转变增长方式的中心环节；就是把增强自主创新能力作为国家战略，贯穿到现代化建设各个方面。笔者认为我国衍生金融工具会计制度的供求变迁同样应该走这样一条可持续发展之路。

（三）丰富和完善现行的衍生金融工具会计制度

众所周知，现阶段我国的衍生金融产品还处于研究创新的初级阶段，1990 年以来出现过的一些衍生金融工具因为条件不成熟而退出了市场。但是，这并不意味着现阶段我国的衍生金融工具会计就无所作为。笔者认为，在衍生金融工具会计领域，我们还可做如下选择：

1. 应重新审视现行供给的衍生金融工具会计制度

从理论上讲，衍生金融工具会计制度并不是金融性企业的“专利”。但是，从我国目前的应用现状看衍生金融工具会计制度主要是应用于金融性企业，包括商业银行和证券公司，它们是这些衍生品的主要使用者和交易的参与者，而随着我国宏观经济形势和金融体制改革发生重大变化，金融性企业在国际资本市场上市所面临国际的金融的业务创新不少，甚至成为其重要业务；同时企业面临的风险也越来越多、越来越复杂。单就商业银行而言，技术手段的创新带来了衍生金融工具业务的创新，这些衍生交易业务已成为商业银行新的利润增长点。而这些交易信息无论在国际会计准则规范中还是在我国会计准则的规范中，虽然已经从表外项目转向表内披露项目，但由于这些项目的衍生金融工具会计制度是泛泛的定义，加之国际上衍生金融工具品种的复杂性和技术上的烦琐性，因此这些会计信息无论是在可靠性还是在相关性上，对利用衍生金融工具赚取利润，同时也面临潜在的重大风险的企业而言都显得十分薄弱。

从我国目前衍生金融工具会计制度的实际运行效果来看，也值得重新审视。前面已经分析，由于我国衍生金融市场处于缺失的现状，因此，针对大部分上市公司来说，衍生金融工具会计制度的供给更多的是流于形式，形同虚设，而对已经使用衍生金融工具会计制度的上市公司而言，又由于衍生金融工具会计制度的泛义特性，使得衍生金融工具会计制度与现行存在的具体衍生金融工具应用之间还有许多不一致之处。比如，有些涉外业务比较多的上市企业，其所涉及的国际衍生品交易业务核算较多，要比衍生金融工具会计制度的规定要细致得多，具体得多。这对于确保会计信息的可靠性、相关性和可比性，利用这些会计信息的传导有效防范风险，都是非常重要的。

2. 变通用为实用，变广泛为具体，使制度供给真正能指导市场实践

有鉴于上述分析，笔者认为，对我国供给的衍生金融工具会计制度，在满足国家战略趋同选择的前提下，应结合现存的衍生金融工具业务，作进一步的补充修改。具体地讲，首先，对现存商品期货的会计规范作进一步的完善。我国自 20 世纪 90 年代初期推出商品期货以来，相应的法规制度一直都处于探索研究阶段，后根据《国务院关于推进资本市场改革开放和稳定发展的若干意见》，明确提出要大力发展资本市场，并将期货经纪业务建设成现代金融企业，为期货业务的平稳健康发展创造了十分宽松的政策环境，2000 年底，财政部颁布了《期货经纪公司商品期货

业务会计处理暂行规定》，对规范我国期货业务的会计制度起到了一定的推进作用。但随着我国会计制度的改革推进，新会计准则的出台，围绕商品期货业务的规范，由于新准则的泛义性，期货会计的具体会计规范则显得较为薄弱，因此笔者认为可以具体解释公告的形式，对相关内容作进一步补充规范，同时，围绕衍生金融工具特有的风险性，笔者认为应进一步完善商品期货会计的制度系统供给，如研究完善商品期货的会计内控机制、研究完善商品期货的财务管理标准，为高质量地规范我国的商品期货交易的会计行为，优化商品期货市场的理财环境发挥积极的作用。我国现阶段商品期货发展迅速，特别是2008年1月初，黄金期货合约在上海期货交易所上市交易，由于黄金期货的上市标志着我国期货品种体系进一步健全，且黄金期货除具有商品属性外，还有金融属性，涉及面较广，影响力较大。因此，针对黄金期货的运作机理和资金运营信息的会计反映和监督，可对黄金期货会计制度作进一步补充和完善；其次，关于股票期权会计制度的供给。众所周知，股票期权属于期权的一种，是一种早期的衍生金融工具，是以股票为标的物的期权，它的特点是允许某人以确定价格在确定期限内购入一定数量股票的期权。早在20世纪70年代，股票期权机制就出现在美国和其他一些发达国家。据统计，在《财富》排名的前100家美国公司中，已有90%以上的公司推行了股票期权，股票期权的推出旨在激发和调动上市公司高层管理人员在企业经营管理的能动性，以提高上市公司运营质量和运营效应。回顾我国资本市场的发展，在1994年，联想集团拥有68%股权的联想香港公司，就已按国际通行做法制订了股票期权计划，1997年上海仪电控股集团公司是我国首家实行股票期权的国有企业。时至今日，股票期权机制已在我国企业，特别是国有企业、上市公司得到较为普遍的运用。在具有广泛应用市场的基础上，2006年财政部推出了企业会计准则《股份支付》，作为规范企业期权报酬的制度供给，其源于实践，通过充分借鉴国际上通行的做法，形成我国的会计理论规范，又反过来更有效地指导

衍生金融工具会计制度供求机制研究

我国实践。像这种制度供求，在一定意义上达到了理论与实践的一致性，实现了制度的供求均衡，但我们还可以针对股票期权的发展，在会计制度规范上作进一步深入的研究。目前，公司的股权结构、法人治理机构，以及《公司法》的相关规定主要涉及股权变动和证券市场有效性等因素，对股份支付的采用有较大影响。从股票期权计划的设计讲，公司业绩的衡量、执行价格的确定原则等，也是需要着重研究的问题。从股票期权会计的角度分析，应以公允价值来确定补偿成本还是以股票期权的内在价值为基础来确定补偿成本，是个有待解决的问题。若采用公允价值法时，补偿费用应以报酬的价值为基础计量，计量存在相当的复杂性。根据国外可借鉴的做法，一般先要计算单个期权的价值（采用 Black - Scholes 期权定价模型），再计算预期给予 vest 的期权数，然后确定补偿费用金额。问题在于，如此复杂的计算所得出的结果，对于广大的、缺乏期权专业知识的投资者以及会计信息的供给者来说，这种相关性是否也会受到损害，值得研究。另外，补偿费用是期权给予日即雇员获得股票期权的日期，还是期权既得日即期权可行使之日或期权行使日的时点确认；再者，雇员的服务期间如何确定？是按雇员的实际服务期，还是按股票期权的有效期的一般规定等，这些都是值得研究的问题；再次，详细规范企业套期活动的会计处理。套期是企业规避风险的重要手段。目前，我国已借鉴国际准则出台了套期保值会计准则，对运用衍生金融工具包括看涨期权、看跌期权、利率上限、利率下限、远期外汇合约的企业进行套期避险。关于这些套期工具的会计信息，目前在准则中规定得比较粗泛，笔者认为，可以结合我国的实际情况，采用分步走的策略。首先，通过具体的套期保值个案分别给不同的衍生金融工具作具体的规范核算；其次，以具体准则文告的方式作详细制度供给；再次，在积累了一定的经验，理论上也比较成熟之后，再全面修订套期活动会计准则。

3. 创新一项，规范一项，成熟一项，推进一项，扎实发展我国衍生金融工具会计制度

（1）积极研究股票指数期货会计。

股票指数期货，从前述章节分析，我们已知，股指期货是重要的衍生金融工具，属于金融期货的一种，是目前我国正在稳步研发推进的衍生金融工具，其最大的特点是将传统的商品期货从实物交割的制度转化为现金交割制度。在国际上，它已经是发展较为成熟的一种衍生金融产品，近两年，我国资本市场一直都在开展关于股指期货的研究，为在我国有效推出股指期货作准备。比如对“上证综合股票指数期货”和“深圳综合股票指数期货”等的研究。但是，我们也应清醒地认识到股票指数期货的双刃剑特征，它既有规避风险的功能，也有引发风险的危险。因此，笔者认为，应针对股票指数期货会计制度作具体的研究，对于与国际会计准则的战略协调之处，如衍生金融工具会计计量，采用公允价值进行确认和计量，且期末公允价值变动应计入当期损益，可采用借鉴趋同。同时，为使相关的报表信息更为充分和完整，对股指期货除要求作会计的表内核算和信息披露外，还应对如何详细披露作出具体要求。如本书提出可以具体准则解释文号的方式，对我国预期推出的股票指数期货合约的设计、期限种类、每日涨跌幅度限制、保证金制度，技术设计等作更进一步详细的规范和解释研究，在股票指数期货合约于我国建立之初，更应如此。

（2）着手研究资产证券化会计。

资产证券化从20世纪70年代在美国兴起以来，已成为当今国际资本市场上发展最快、最具活力的衍生金融工具。资产证券化的特点是将流动性较差的资产产生的现金流量汇集起来，转变为资本市场上可以流通的资产收益支撑的证券的金融交易过程。在处理银行不良资产的过程中，这是一种非常普遍的做法，即对银行仍然能够产生现金流量的资产通过信用增级等技术进行包装，构成不同支付次序、不同风险级别、不同收益的收入凭证，

然后再出售给合适的投资者。在我国，资产证券化是值得重视并采用的方法。1999 年以来成立的几家资产管理公司，都提出过要通过资产证券化来盘活不良资产的设想。人们有理由相信，随着相关法律法规的逐渐健全，不良贷款证券化业务在我国将会广泛地开展起来。除商业银行的不良贷款外，由于特殊的原因，我国房地产行业也积累了不少流动性低的资产，这也是可以通过资产证券化盘活的资产。资产证券化交易本身比较复杂，且由于各国在这方面的政策法规包括税收法规可能不同，其证券化方式也不同。交易的复杂性和变化的多样性，使资产证券化会计相对于一般业务的会计要复杂得多。而且随着资产证券化业务的不断创新，已有的这方面的会计规范需要不断“翻新”。目前，关于资产证券化会计的权威指南是 FASB 于 1996 年发布的 FAS125。不过，由于资产证券化业务的创新，这项公告已开始进入修订程序。除 FASB 之外，国际会计界目前也十分关注这个领域。比如，IASB 正在进行的相关衍生金融工具国际准则项目，突出地将其列作重点研究的一个子课题。资产证券化会计的核心问题之一，是金融资产转让交易应作为销售交易还是融资交易核算的问题。这个问题的背后涉及作为证券发行机构即通常所说的“特设主体”——SPV 与资产转出方之间的关系等问题。美国等市场经济发达国家的经验表明，资产证券化会计建立的好坏，虽然不能左右资产证券化交易的发展，但对其影响是不可低估的。随着我国资本市场的不断纵深发展，资产证券化也势必成为我国衍生金融市场发展的一个重要内容。因此，资产证券化会计制度供求也是值得我们关注的问题。

总之，为保证制度供求的持续有效发展，我们应随时根据衍生金融品的创新或新增业务，充实衍生金融工具会计制度的供给内容。要具体分析现行存在的各项衍生金融工具，在力求将其纳入表内核算的基础上，还力求企业能对具体衍生金融工具的运作交易传输较为详细的会计信息，特别是风险的存在性、风险估计及其管理方面的信息。在尚无法做到对衍生金融工具作出会计制度系统供求之前，可以偏重运用稳健原则，如对一些或有事项在符合条件的情况下作为负债处理或作表外信息的详细披露。

4. 积极关注衍生金融工具会计制度的国际动态

国际金融危机爆发后，G20 和 FASB 一再呼吁 IASB 和各国会计准则制定机构改进金融工具会计准则、降低金融工具会计准则的复杂性，以提高复杂金融产品市场和交易的透明度。2008 年 4 月 2 日，G20 伦敦峰会明确要求会计准则制定机构在 2009 年底之前在降低金融工具准则复杂性方面采取行动。2008 年 10 月，为了应对全球金融危机所产生的问题，IASB 和 FASB 成立了金融危机咨询组（FCAG），考虑如何改进财务报告以帮助提高金融市场投资者的信心。根据 FCAG 对改进金融工具会计准则的建议，IASB 于 2009 年 4 月 1 日向国际会计准则委员会基金会受托人和监督委员会提出了一个为期 6 个月的项目计划，旨在制定替代 IAS39 的新准则。IASB 于 4 月 24 日正式公布了这个项目计划。同时，2008 年 4 月，FASB 发布了两份工作人员立场公告，修订了美国公允价值计量和金融工具会计准则，在某些情况下可能导致美国金融机构确认较少的金融资产减值损失，由此引发了欧盟的不满。欧盟有关方面要求 IASB 参照 FASB 的修改放宽其金融资产减值规定。为缓解这一压力，IASB 于 5 月下旬宣布将替代 IAS39 的综合项目分为三个部分：第一部分是将其中最为基础和核心的分类和计量部分工作提速，将原定于 8 月完成的计量规定提前到 7 月，并在 7 月发布这两个部分的征求意见稿；第二部分是将原定 7 月完成的金融资产减值原则押后，同时充分研究运用预期现金流量法的相关问题，并在 10 月发布减值征求意见稿；第三部分是在 12 月发布简化套期会计的征求意见稿。本次发布的征求意见稿为关于金融工具分类和计量的征求意见稿，即计划中三份征求意见稿的第一份。根据 IASB 公布的项目计划，每当一个阶段完成，就会取代 IAS39 的相应部分，最终将与正在进行中的金融工具的终止确认项目（IASB 已于 2009 年 3 月发布了终止确认的征求意见稿）成果一起，共同取代全部 IAS39。

（1）征求意见稿的主要内容。

征求意见稿的目标是建立金融资产和金融负债分类和计量的原则，为财务报表使用者估计未来现金流量的金额、时间和不确定性提供相关和决策有用的信息。此外，征求意见稿中还对现行三项金融工具国际准则（IAS32，IAS39，IFRS7）中金融工具的确认、列示和披露原则进行了补充。

首先，金融工具的分类。根据征求意见稿，对金融资产和金融负债的分类将从现行的四种减少为两种。具体规定如下：

①分类原则。

在初始确认时，主体应当根据后续计量是以摊余成本还是公允价值为基础，对金融资产和金融负债进行分类。如果一项金融资产同时满足以下两个条件，应当以摊余成本计量（除非指定为以公允价值计量）：a. 该金融工具只具有基本的贷款特征。b. 该金融工具以合同收益为基础进行管理。

不满足这两项条件的金融资产或金融负债应以公允价值计量，且公允价值的变动在损益或其他综合收益中列示。根据这一规定，所有对权益工具的投资都必须以公允价值计量。

②公允价值变动计入损益的情况。

根据现行 IAS39 的规定，如果对权益工具的投资没有在活跃市场上的报价或其公允价值无法可靠计量，则可以以成本计量。征求意见稿取消了这一规定，代之以允许报告主体在初始确认时进行选择。主体可选择将权益工具（为交易目的持有以外）的公允价值变动在后续计量中计入损益还是其他综合收益，一旦选定不得变更。如果选择计入其他综合收益，在该工具终止确认时，其已经列示在其他综合收益中的累计价值变动不转入损益（即没有“循环”规定），因此这些对权益工具的投资无须计提减值。

③嵌入衍生工具。

征求意见稿要求，包含嵌入衍生工具的混合工具应作为一个整体，按照征求意见稿中的分类标准进行分类。如果混合工具的主合同不在征求意见稿的范围内，主体应根据现行 IAS39 中第 10

至第 13 段的规定，确定嵌入衍生工具是否必须与主合同分离。如果嵌入衍生工具必须与主合同分离，主体应按征求意见稿的分类规定对衍生工具进行处理，对主合同则按其他适用的国际财务报告准则进行处理。

④保留公允价值选择权。

征求意见稿规定，在初始确认时，主体可以选择将应适用摊余成本计量的金融资产或金融负债指定为以公允价值计量，且将其变动计入损益。前提是这种指定可以消除或显著减少计量和确认的不一致性（即以不同计量基础计量资产/负债或者确认利得/损失而产生的“会计错配”）。

⑤禁止重分类。

征求意见稿不允许金融资产或金融负债在公允价值计量和摊余成本计量之间进行重分类。

其次，金融工具的计量。

①金融资产或金融负债的初始计量。

征求意见稿规定，初始确认时，主体应当以金融资产或金融负债的公允价值进行初始计量，如果金融资产或金融负债不是以公允价值计量且其变动计入损益的，还应加上相关的交易费用。

②金融资产的后续计量。

初始确认后，主体应按公允价值或摊余成本计量金融资产。对所有的以摊余成本计量的金融资产，主体应当采用现行 IAS39 的减值规定。对指定为被套期项目的金融资产，主体应当采用现行 IAS39 的套期会计规定。

③金融负债的后续计量。

征求意见稿初始确认后，主体应按公允价值或摊余成本计量金融负债。另外，征求意见稿还对不符合终止确认的转让、财务担保合同、以低于市场利率提供贷款的承诺作了特别规定。

如果一项金融资产的转让不符合终止确认的规定或采用了持续涉入法，应按现行 IAS39 的要求进行计量。

财务担保合同和以低于市场利率提供贷款的承诺满足以下任

一要求的，应按公允价值计量且其变动计入损益：a. 指定为以公允价值计量且其变动计入损益；b. 为交易而持有。如不满足这些条件，则应以下述孰高计量：a. 根据《国际会计准则第 37 号——准备、或有负债和或有资产》确定的金额；b. 初始确认的金额减去根据《国际会计准则第 18 号——收入》确认的累计摊销额。

被指定为被套期项目的金融负债，主体应采用现行 IAS39 的套期会计规定进行计量。

④利得和损失的相关规定。

征求意见稿规定，以公允价值计量且不属于任何套期关系的金融资产或金融负债，其利得或损失应计入损益或其他综合收益。

以摊余成本计量的金融资产或金融负债，应在终止确认时将利得或损失计入损益，或以摊销的方式计入损益。但属于被套期项目的金融资产或金融负债，应按现行 IAS39 的规定处理利得或损失。

再次，征求意见稿正文以外的备选方法。

征求意见稿还提供了一项分类和计量的备选方法，供各方反馈意见：符合征求意见稿中两项条件（即具有基本的贷款特征，并以合同收益为基础进行管理的金融工具），以及符合现行 IAS39 中贷款和应收款项定义的金融资产，在资产负债表中以摊余成本计量；所有其他金融资产（包括满足征求意见稿中以摊余成本计量条件的金融资产），在资产负债表中以公允价值计量。金融资产的公允价值在每一期间的变动将被分解，并按下述方法列报：①基于摊余成本确定的价值变动（包括用已发生损失法确定的减值），将计入损益。②任何与计量规定中的摊余成本的差异，以及公允价值的当期变动，将在其他综合收益中列示。在其他综合收益和损益之间不允许“循环”。所有减值损失的转回都将计入损益。

一些 IASB 的理事认为这一方法能为财务报表使用者的决策

提供更有用的信息。

最后，生效时间。

征求意见稿最终成为准则后，将与即将发布征求意见稿的金融资产减值部分和套期会计部分一起，要求在2012年1月1日前采用。IASB打算允许提前采用关于分类和计量的规定，以保证报告主体能在其2009年财务报表中应用新规定，并为此建议修改IFRS7的相关规定。

（2）我们的关注和选择。

针对此征求意见稿的内容和相关金融工具国际准则项目的进展，我们可以看出：从征求意见稿的内容来看，金融资产和金融负债的分类方法和计量原则，较先行IAS39的规定有了很大的简化。IASB替代IAS39的项目是一次较为积极的全面修改。这次修改的思路可能得到各利益相关方的广泛支持。但是，针对会计准则制定机构与监管部门之间争论的焦点，如金融资产的减值问题、全部金融工具和衍生金融工具以公允价值计量问题、美国相关利益集团对衍生金融工具的态度及选择变化等问题都值得我们予以及时地关注，适时改进完善我国金融工具和衍生金融工具等相关准则，并根据公允价值计量国际准则征求意见稿及其意见反馈情况，结合我国实际和G20峰会的要求，研究制定我国的公允价值计量准则。

本章小结

本章在对我国衍生金融工具会计制度供求机制研究的基础上，针对我国衍生金融工具会计制度的供求机制存在的问题，提出了若干改革建议以供选择。我国会计制度的供求机制是政府主导下的强制性制度模式，我国衍生金融工具会计制度的供求基本上是在借鉴西方惯例的基础上形成，并由权力机构直接供给，而不是从我国市场实践中繁衍而来，它是一种通过“逆向生成”的演绎法完成的纯政府制定模式。针对我国的经济运行一直处于摸索状态，各经营方式之间并不是天然的过渡形成。这种逆向生成的经济环境，使得衍生金融工具会计制度供给缺乏顺向生成的土壤，由于其模式固有的缺陷，导致衍生金融工具会计制度供给与需求之间产生的交易成本将是惊人的，所推出的会计制度将与经济运行环境背道而驰。因此，逐渐完善的市场机制使引入的市场规则更有助于会计准则的完善，可防止会计制度因市场不完善而走样。也就是说，逐渐完善的衍生金融市场经济才能最终使衍生金融工具会计制度供求引入市场规则成为可能，才能保持我国衍生金融工具会计制度供求的可持续发展。根据以上认识我们提出，衍生金融工具会计制度未来的供求机制应伴随我国衍生品市场的发展，由政府主导的供求模式逐渐向市场主导的供求模式转变，通过适当引入市场规则，逐步扩大衍生金融市场对衍生金融工具会计制度的需求份额，按照交易费用原则合理进行衍生金融工具的会计制度安排，以最终达到衍生金融工具会计制度供求实现有效均衡的目的。

实践证明，经济全球化是生产力发展的必然结果，是一个客观的历史进程。经济全球化是不可抗拒的历史潮流，其影响是不以任何一个国家的主权意志为转移的，拒绝经济全球化就会被世界发展的潮流所抛弃，就会导致经济、科技等方面的停滞和落后。我国的经济全球化有力促进了会计质量向更规范、高质量的国际化方向不断提高，而优良的会计信息势必会有效推动我国经济全球化的发展。著名经济学家斯蒂格利茨指出，问题不在于全球化本身，而在于怎样驾驭它。

本书研究结果显示，运用新制度经济学的理论来解释衍生金融工具会计制度的供求机制，将比单纯进行会计制度的现象描述更有说服力，且在对我国会计制度研究方法中引入西方新制度经济学的内涵，会更有助于中国特色的会计制度理论与方法体系的建设与发展。

衍生金融工具会计制度的供求应立足于中国经济现状，立足于中国资本市场的发展，立足于金融市场，特别是衍生金融市场的发展现实，致力于提供满足大部分利益群体的、最为紧迫的全球化时期的会计“公共产品”。唯此，我国衍生金融工具会计制度供求才能真正适应21世纪的挑战，才能真正获得长久的生命力。

附　录

附录：第二章表 2.1

国际会计准则（IAS）

编号	准则名称	发布时间	修订时间
	编报财务报表的框架	1989 年	
第 1 号	财务报表的列报	1994 年	1997、1999 年
第 2 号	存货	1975 年	1993 年
第 3 号	（已被第 27 号和第 28 号取代）		
第 4 号	（该公告已撤销）		
第 5 号	（已被第 1 号取代）		
第 6 号	（已被第 15 号取代）		
第 7 号	现金流量表	1977 年	1992 年
第 8 号	当期净损益、重大差错和会计政策变更	1977 年	1993 年
第 9 号	（已被第 38 号取代）		
第 10 号	资产负债表日后事项	1999 年	
第 11 号	建造合同	1978 年	1993 年
第 12 号	所得税	1979 年	1994、1996、2000 年
第 13 号	（已被第 1 号取代）		
第 14 号	分部报告	1981 年	1994、1997 年
第 15 号	（该公告已撤销）		
第 16 号	不动产、厂场和设备	1982 年	1993、1997、1998 年
第 17 号	租赁	1982 年	1994、1997 年
第 18 号	收入	1982 年	1993 年
第 19 号	雇员福利	1993 年	2000 年
第 20 号	政府补助会计和政府援助的披露	1982 年	1994 年
第 21 号	汇率变动的影响	1983 年	1993 年
第 22 号	（已被 IFRS3 取代）		

（续上表）

编号	准则名称	发布时间	修订时间
第 23 号	借款费用	1984 年	1993 年
第 24 号	关联方披露	1984 年	1994 年
第 25 号	（已被第 39 号和第 40 号取代）		
第 26 号	退休福利计划的会计和报告	1986 年	1994 年
第 27 号	合并财务报表和对子公司投资会计	1988 年	1991、2000 年
第 28 号	对联营企业投资会计	1988 年	1994、2000 年
第 29 号	恶性通货膨胀经济中的财务报告	1989 年	1994 年
第 30 号	银行和类似金融机构财务报表的披露	1990 年	1994 年
第 31 号	合营中权益的财务报告	1990 年	1994、2000 年
第 32 号	金融工具：披露和列报	1995 年	1998、2003 年
第 33 号	每股收益	1997 年	1999 年
第 34 号	中期财务报告	1998 年	
第 35 号	中止经营	1998 年	
第 36 号	资产减值	1998 年	
第 37 号	准备、或有负债和或有资产	1998 年	
第 38 号	无形资产	1998 年	
第 39 号	金融工具：确认和计量	1998 年	2000、2003 年
第 40 号	房地产投资	1999 年	
第 41 号	农业	2000 年	

附录：第二章表 2.2

国际财务报告准则（IFRS）

编号	准则名称	发布时间
第 1 号	财务报告准则的首次应用	2004 年
第 2 号	以股份为基础的支付	2004 年
第 3 号	企业合并	2004 年
第 4 号	保险合约	2004 年
第 5 号	用于销售的持有非流动资产和终止经营	2004 年
第 6 号	矿产资源的勘探与评价	2004 年
第 7 号	金融工具披露	2005 年
第 8 号	经营分部	2006 年

附录：第二章表 2.3

国际财务报告解释公告（IFRI）

编号	准则名称	发布时间
第 1 号	现有退役、复原和类似负债的变动	2004 年
第 2 号	成员在合作主体中的股份和类似工具	2005 年
第 3 号	排放权	2005 年
第 4 号	确定一项协议是否包含租赁	2005 年
第 5 号	以股份为支付基础	2005 年
第 6 号	参与特殊市场产生的负债：电子电气废弃物	2005 年
第 7 号	根据国际会计准则第 29 号恶性通货膨胀经济下财务报告应用重列法	2006 年
第 8 号	国际财务报告准则第 2 号以股份支付的款项范畴	2006 年
第 9 号	嵌入衍生工具的重估	2006 年
第 10 号	中期财务报告和减值	2006 年
第 11 号	集团和库存股交易	2007 年
第 12 号	特许权服务协议	2007 年
第 13 号	客户忠诚计划	2007 年
第 14 号	设定受益福利计划资产、最低注入资金要求及其相互影响	2007 年

附录：第三章表 3.1

中国企业会计准则（CAS）

编号	中国会计准则
	基本准则
第 1 号	存货
第 2 号	长期股权投资
第 3 号	投资性房地产
第 4 号	固定资产
第 5 号	生物资产
第 6 号	无形资产
第 7 号	非货币性资产交换
第 8 号	资产减值

（续上表）

编号	中国会计准则
第9号	职工薪酬
第10号	企业年金基金
第11号	股份支付
第12号	债务重组
第13号	或有事项
第14号	收入
第15号	建造合同
第16号	政府补助
第17号	借款费用
第18号	所得税
第19号	外币折算
第20号	企业合并
第21号	租赁
第22号	金融工具确认和计量
第23号	金融资产转移
第24号	套期保值
第25号	原保险合约
第26号	再保险合同
第27号	石油天然气开采
第28号	会计政策、会计估计变更和差错更正
第29号	资产负债表日后事项
第30号	财务报表列报
第31号	现金流量表
第32号	中期财务报告
第33号	合并财务报表
第34号	每股收益
第35号	分部报告
第36号	关联方披露
第37号	金融工具列报
第38号	首次执行企业会计准则

附录：第三章表 3.2

国内证券市场数据（2007 年 11 月底）

国内证券市场数据（2007年11月底）

类别	股票项目		深市			沪市	深沪两市
			合计	主板	中小企业板		
股票	上市数	A股（只）	643	455	188	846	1489
		B股（只）	55	55	0	54	109
		合计（只）	698	510	188	900	1598
		上市公司数（家）	656	468	188	856	1512
	总股本	A股（亿股）	2605	2285	320	13672	16277
		B股（亿股）	138	138	0	115	253
		合计（亿股）	2743	2423	320	13787	16530
	总市值	A股（亿元）	46016	38284	7732	241413	287429
		B股（亿元）	1191	1191	0	1264	2455
		合计（亿元）	47207	39475	7732	242677	289884
	月成交额	A股（亿元）	7649	6556	1093	17237	24886
		B股（亿元）	136	136	0	146	282
		合计（亿元）	7785	6692	1093	17373	25158
	月发行情况·发行数量	IPO（只）	14	0	14	1	15
		增发（只）	3	2	1	10	13
		配股（只）	0	0	0	0	0
		合计（只）	17	2	15	11	28
	月发行情况·筹资额	IPO（亿元）	58	0	58	219	277
		总筹资额（亿元）	84	14	70	629	713
	其他指标	证券化率（%）	22.4	18.7	3.7	115.1	137.5
		平均市盈率（倍）	59.2	60.4	67.2	53.8	55
		平均市净率（倍）	6.5	6.4	7.7	6.1	6.2
		换手率（%）	32	31	40	31	31
		投资者开户总数（万户）	6673	–	–	6851	13524
		机构投资者开户总数(万户)	17	–	–	33	50

基金	基金指标		指标值
数量		封闭式（只）	40
		LOF（只）	25
		ETF（只）	5
		开放式基金（只）	280
		合计（只）	350
月发行		募集成立数（只）	3
		首次募集份额（亿份）	–
		其中：货币基金（亿份）	0
月末份额		封闭式（亿份）	775
		LOF（亿份）	166
		ETF（亿份）	49
		开放式基金（亿份）	18860
		合计（亿份）	19850
月交易情况	封闭式	成交数量（亿份）	162
		成交金额（亿元）	361
		平均折价率（%）	21
		换手率（%）	21
	LOF	成交数量（亿份）	32
		成交金额（亿元）	49
		换手率（%）	19
	ETF	成交数量（亿份）	36
		成交金额（亿元）	153
		换手率（%）	73

债券	债券指标		指标值
交易所债券	上市数量	国债现货（只）	117
		回购（只）	67
		企业债（只）	89
		可转债（只）	15
		资产证券化产品（只）	26
		合计（只）	314
	月成交额	国债现货（亿元）	74
		回购（亿元）	1578
		企业债（亿元）	10
		可转债（亿元）	8
		合计（亿元）	1670
银行间债券	上市数量	国债现货（只）	96
		回购（只）	26
		企业债（只）	208
		金融债（只）	253
		短期融资券及其他(只)	285
		合计（只）	868
	月成交额	国债现货（亿元）	2961
		回购（亿元）	43668
		企业债（亿元）	473
		金融债（亿元）	5226
		短期融资券及其他(亿元)	1834
		合计（亿元）	54162

权证	权证指标		指标值
上市数量	深	认购权证（只）	5
		认沽权证（只）	2
		合计（只）	7
	沪	认购权证（只）	5
		认沽权证（只）	1
		合计（只）	6
	合计（只）		13
发行数量	深	认购权证(亿份)	15
		认沽权证(亿份)	9
		合计（亿份）	24
	沪	认购权证(亿份)	23
		认沽权证(亿份)	14
		合计（亿份）	37
	合计（亿份）		61
月成交额	深	认购权证(亿元)	1320
		认沽权证(亿元)	700
		合计（亿元）	2020
	沪	认购权证(亿元)	1275
		认沽权证(亿元)	1429
		合计（亿元）	2704
	合计（亿元）		4724

附录：第五章表 5.1

国内证券市场数据（2008 年 4 月底）

国内证券市场数据（2008年4月底）

		股票项目	深市 合计	深市 主板	深市 中小企业板	沪市	深沪两市
股票	上市数	A股（只）	680	455	225	853	1533
		B股（只）	55	55	0	54	109
		合计（只）	735	510	225	907	1642
		上市公司数（家）	692	467	225	864	1556
	总股本	A股（亿股）	2866	2437	429	14668	17534
		B股（亿股）	140	140	0	118	258
		合计（亿股）	3006	2577	429	14786	17792
	总市值	A股（亿元）	44589	35857	8732	193830	238419
		B股（亿元）	928	928	0	897	1825
		合计（亿元）	45517	36785	8732	194727	240244
	月成交额	A股（亿元）	8193	6937	1256	18557	26750
		B股（亿元）	60	60	0	76	136
		合计（亿元）	8253	6997	1256	18633	26886
	月发行情况	发行数量 IPO（只）	10	0	10	2	12
		发行数量 增发（只）	3	3	0	4	7
		发行数量 配股（只）	0	0	0	1	1
		发行数量 合计（只）	13	3	10	7	20
		筹资额 IPO（亿元）	25.9	0	25.9	185.3	211.2
		筹资额 总筹资额（亿元）	40.0	14.1	25.9	220.8	260.8
	其他指标	证券化率（%）	18.5	14.9	3.5	79.0	97.4
		平均市盈率（倍）	32.6	36.1	41.96	42.06	41
		平均市净率（倍）	.46	4.9	5.3	4.4	4.5
		换手率（%）	37.3	36.3	45.8	36.2	26.5
		投资者开户总数（万户）	6744	–	–	6878	13622
		机构投资者开户总数(万户)	18	–	–	33	51

			基金指标	指标值
基金	数量		封闭式（只）	33
			LOF（只）	26
			ETF（只）	5
			开放式基金（只）	307
			合计（只）	371
	月发行		募集成立数（只）	11
			首次募集份额（亿份）	222
			其中：货币基金（亿份）	0
	月末份额		封闭式（亿份）	745
			LOF（亿份）	178
			ETF（亿份）	93
			开放式基金（亿份）	20322
			合计（亿份）	21338
	月交易情况	封闭式	成交数量（亿份）	333
			成交金额（亿元）	435
			平均折价率（%）	15
			换手率（%）	45
		LOF	成交数量（亿份）	45
			成交金额（亿元）	51
			换手率（%）	25
		ETF	成交数量（亿份）	150
			成交金额（亿元）	450
			换手率（%）	161

		债券指标	指标值
交易所债券	上市数量	国债现货（只）	114
		回购（只）	67
		企业债（只）	101
		可转债（只）	15
		资产证券化产品（只）	26
		合计（只）	323
	月成交额	国债现货（亿元）	136
		回购（亿元）	903
		企业债（亿元）	36
		可转债（亿元）	41
		合计（亿元）	1406
银行间债券	上市数量	国债现货（只）	98
		回购（只）	26
		企业债（只）	235
		金融债（只）	288
		短期融资券及其他(只)	327
		合计（只）	974
	月成交额	国债现货（亿元）	3023
		回购（亿元）	50817
		企业债（亿元）	514
		金融债（亿元）	6471
		短期融资券及其他(亿元)	2561
		合计（亿元）	63386

			权证指标	指标值
权证	上市数量	深	认购权证（只）	4
			认沽权证（只）	0
			合计（只）	4
		沪	认购权证（只）	11
			认沽权证（只）	1
			合计（只）	12
		合计（只）		16
	发行数量	深	认购权证(亿份)	10.7
			认沽权证(亿份)	0
			合计（亿份）	10.7
		沪	认购权证(亿份)	60
			认沽权证(亿份)	14
			合计（亿份）	74
		合计（亿份）		84.7
	月成交额	深	认购权证(亿元)	939
			认沽权证(亿元)	0
			合计（亿元）	939
		沪	认购权证(亿元)	3602
			认沽权证(亿元)	3426
			合计（亿元）	7028
		合计（亿元）		7967

参考文献

1. 赵德武．资本市场财务管理与会计研究．成都：西南财经大学出版社，2007

2. 财政部．企业会计准则2006．北京：经济科学出版社，2006

3. 财政部．企业会计准则——应用指南2006．北京：中国财政经济出版社，2006

4. 财政部．企业会计准则讲解2008．北京：人民出版社，2008

5. 财政部．国际会计准则2002．北京：中国财政经济出版社，2003

6. 美国财务会计准则委员会．美国财务会计准则．王世定，李海军等译．北京：经济科学出版社，2002

7. ［美］菲利普·布朗．资本市场会计研究导论．杨松令译．北京：中国人民大学出版社，2004

8. ［美］斯蒂芬·A．泽夫．会计准则制定——理论与实践．财政部会计司译．北京：中国财政经济出版社，2005

9. ［美］斯蒂芬·A．泽夫，贝拉·G．德兰．现代财务会计理论——问题与争论．夏冬林等译．北京：经济科学出版社，2000

10. ［美］道格拉斯·C．诺斯．制度、制度变迁与经济绩效．刘守英译．上海：上海三联书店，1994

11. 卢现祥．西方新制度经济学．北京：中国发展出版社，2004

12. 张五常．经济解释．北京：商务印书馆，2000

13. ［美］康芒斯．制度经济学（上、下册）．于树生译．北京：商务印书馆，1962

14. 柯武纲，史温飞．制度经济学．北京：商务印书馆，2000

15. 张维迎．博弈论与信息经济学．上海：上海人民出版社，1996

16. ［美］莱斯利·F．塞德曼．金融工具：会计及财务报告综合指南（英文版）．北京：中信出版社，2004

17. ［日］青木昌彦．比较制度分析．周黎安译．上海：上海远东出版社，2001

18. 刘峰．会计准则变迁．北京：中国财政经济出版社，2001

19. 李伟，宋献中，吴小平．金融工具会计与保险会计．大连：大连出版社，2005

20. 李荣林．金融工具会计研究．上海：立信会计出版社，2004

21. ［德］埃瑞克·G．菲吕博顿，鲁道夫·瑞切特．新制度经济学．孙经纬译．上海：上海财经大学出版社，1998

22. 林毅夫．关于制度变迁的经济学理论：诱致性制度变迁与强制性制度变迁．载财产权利与制度变迁．刘守英等译．上海：上海三联书店，1996

23. ［美］拉坦．诱致性制度变迁理论．载财产权利与制度变迁．刘守英等译．上海：上海三联书店，1996

24. ［美］戴维斯，诺斯．制度变迁理论：概念与原因．载财产权利与制度变迁．刘守英等译．上海：上海三联书店，1996

25. 樊纲．渐进改革的政治经济学分析．上海：上海远东出版社，1996

26. ［美］科斯，诺斯，威廉姆森等．制度、契约与组织．刘刚等译．北京：经济科学出版社，2003

27. ［美］道格拉斯·C．诺斯，奥尔斯顿，埃格特桑．制度

变迁的经验研究．罗仲伟译．北京：经济科学出版社，2003

28. ［美］R. 科斯，D. 诺斯，A. 阿尔钦等．财产权利与制度变迁．刘守英等译．上海：上海三联书店，1991

29. 周天勇．效率与供给经济学．北京：经济科学出版社，1997

30. 刘文革．强制性制度变迁．哈尔滨：黑龙江人民出版社，2003

31. 胡乐明，张建伟，朱富强．真实世界的经济学——新制度经济学纵览．北京：当代中国出版社，2002

32. 彭德琳．新制度经济学．武汉：湖北人民出版社，2002

33. 刘峰，黄少峰．科斯定理与会计准则．上海：立信会计出版社，1998

34. 黄达．金融学．北京：中国人民大学出版社，2003

35. 曾康霖．金融经济学．成都：西南财经大学出版社，2002

36. 邢毓静，巴曙松．经济全球化与中国金融运行．北京：中国金融出版社，2000

37. 钟伟．资本浪潮——金融资本全球化论纲．北京：中国财政经济出版社，2000

38. 孙烽．资本市场国际化下的经济均衡与增长：兼论中国资本市场国际化进程中的经济运行．上海：上海财经大学出版社，2005

39. ［美］博迪，莫顿．金融学．伊志宏等译．北京：人民出版社，2000

40. 国际货币基金组织．全球金融稳定报告 2006. 4——市场发展与问题（世界经济与金融概览）．北京：中国金融出版社，2000

41. 周骏．商业银行创新与资本市场——2006 年中国金融与投资发展报告．北京：中国金融出版社，2006

42. 上海财经大学金融学院．2005 中国金融发展报告．上

海：上海财经大学出版社，2005

43. 上海财经大学金融学院. 2006中国金融发展报告. 上海：上海财经大学出版社，2006

44. ［美］法博齐，莫迪利亚尼. 资本市场：机构与工具（第二版）. 唐旭等译. 北京：经济科学出版社，1998

45. ［美］D. 乔伊，A. 弗罗斯特，K. 米克. 国际会计学. 李荣林译. 上海：上海财经大学出版社，2004

46. ［美］R. 贝克奥伊. 会计理论. 钱逢胜译. 上海：上海财经大学出版社，2001

47. 王松年. 国际会计前沿. 上海：上海财经大学出版社，2001

48. ［美］伊特韦尔. 新帕尔格雷夫经济学大辞典. 许明月等译. 北京：经济科学出版社，1992

49. 中国金融学会. 中国金融年鉴（2000—2008）. 北京：中国金融年鉴编辑部，2000—2008

50. 国家统计局. 中国统计年鉴（2000—2008）. 北京：中国统计出版社，2000—2008

51. 谢德仁. 会计信息的真实性与会计规则制定权合约安排. 经济研究，2000（5）

52. 孔泾源. 市场化与产权制度：变迁过程的理论分析. 经济研究，1994（6）

53. 杨瑞龙. 论我国制度变迁方式与制度选择目标的冲突及其协调. 经济研究，1994（5）

54. 张旭昆. 论制度的均衡与演化. 经济研究，1993（3）

55. 杨瑞龙. 论制度供给. 经济研究，1993（8）

56. 苗壮. 制度变迁中的改革战略选择问题. 经济研究，1992（10）

57. 张曙光. 论制度均衡和制度变革. 经济研究，1992（6）

58. 汪丁丁. 制度创新的一般理论. 经济研究，1992（5）

59. 樊纲. 两种改革成本与两种改革方式. 经济研究，1993（1）

60. 虞群娥．国际货币体系改革的新制度经济学思考．金融研究，2002（5）
61. 谢德仁．会计规则制定权合约安排的范式与变迁．会计研究，1997（7）
62. 曲晓辉，邱月华．强制性制度变迁与盈余稳健性．会计研究，2007（7）
63. 财政部会计司．会计国际趋同及国外相关组织近期动态．会计研究，2001—2009
64. 李连军．会计制度变迁与政府治理结构．会计研究，2007（6）
65. 王军．立足国情 放眼世界 迎接会计理论研究的美好明天．会计研究，2007（6）
66. 李国运．论资本市场与会计的演化关系．会计研究，2007（5）
67. 贾建军．会计形式协调与实质协调：文献综述．会计研究，2007（5）
68. 刘玉廷．中国会计准则体系：架构、趋同与等效．会计研究，2007（3）
69. 杨善林．股权分置改革与股票市场价值相关性研究．会计研究，2006（12）
70. 何进日．信息披露制度变迁与欺诈管制．会计研究，2006（10）
71. 刘泉军．新会计准则引发的思考．会计研究，2006（3）
72. 葛家澍．创新与趋同相结合的一项准则——评我国新颁布的企业会计准则——基本准则．会计研究，2006（3）
73. 刘浩．会计准则的产生与制定权归属的经济学解释——来自企业所有权理论的观点．会计研究，2005（12）
74. 王华．两种基本财务会计信息需求与供给的矛盾和协调．会计研究，2005（9）
75. 葛家澍．实质重于形式 欲速不达——分两步走制定中国

的财务会计概念框架．会计研究，2005（6）

76. 孙铮．反倾销会计研究中的若干问题辨析．会计研究，2005（1）

77. 冯淑萍．我国会计标准建设与国际协调．会计研究，2005（1）

78. 曲晓辉．论会计准则的法律地位．会计研究，2004（5）

79. 于增彪．重新审视美国会计对中国会计国际化的影响．会计研究，2004（3）

80. 洪剑峭．会计准则导向和会计监管的一个经济博弈分析．会计研究，2004（1）

81. 常勋．解读国际会计协调化．会计研究，2003（12）

82. 陈冬华，陈信元．中国会计准则制定中的利益协调：来自世纪星源案例的证据．会计研究，2003（6）

83. 张龙平．美国舞弊审计准则的制度变迁及其启示．会计研究，2003（4）

84. 冯巧根．会计准则国际化中的权益失衡及其对策．会计研究，2003（2）

85. 曲晓辉．会计准则国际发展的利益关系分析．会计研究，2003（1）

86. 张先治．股票期权理论及在公司激励中的应用研究．会计研究，2002（7）

87. 关于衍生金融工具的会计问题研究课题组．衍生金融工具的套期会计研究．会计研究，2001（4）

88. 谢德仁．中国会计规则制定权合约安排之变迁——描述与分析．会计研究，2001（12）

89. 宣和．关于金融工具国际会计准则的若干问题．会计研究，1999（6）

90. 王隶华．非正式制度安排与我国会计改革．会计研究，1999（3）

91. 刘峰．会计准则能提高会计信息质量吗？会计研究，

2004（5）

92. 王跃堂．会计改革与会计信息质量．会计研究，2001（7）

93. 盖地．大同小异：中国企业会计标准与国际财务报告准则．会计研究，2001（7）

94. 王跃堂．经济环境是否制约会计国际化进程．管理世界，2003（1）

95. 林钟高，赵宏．会计准则供求关系的经济分析．财经研究，2000（7）

96. 王越．衍生金融工具对会计的影响．商业研究，2006（2）

97. 易宪容，卢婷．国内企业海外上市对中国资本市场的影响．管理世界，2006（7）

98. 匀江，刘立．创新变迁与能力演化：企业自主创新战略．管理世界，2006（12）

99. 龚明华，雷电发．金融创新、金融中介与金融市场：前沿理论综述．金融研究，2005（10）

100. 张育军．我国资本市场制度设计与制度建设研究．证券市场导报，2006（9）

101. 证券市场导报编辑部．国内外证券市场数据．证券市场导报，2002—2008

102. 史小龙，董理．利益集团政治影响的经济学分析：一个理论综述．世界经济，2005（10）

103. 史龙祥，马宇．经济全球化视角的金融结构变迁研究．世界经济，2007（6）

104. 罗熹．衍生金融产品发展及其有效管理．国际金融研究，2006（12）

105. 李扬，余维彬，曾刚．经济全球化背景下的中国外汇储备管理体制改革．国际金融研究，2007（4）

106. 李方．全球经济失衡下的金融泡沫经济．国际金融研究，2007（4）

107. 朱民．2007：影响全球经济金融的五大风险．国际金融

研究，2007（2）

108. 郭树清．总需求、总供给——从概念到现实．经济研究，1992（2）

109. 王德勇．我国证券市场股权分置的制度经济学分析．中国流通经济，2004（1）

110. 宋丹．制度变迁及我国的金融风险防范．经济师，2007（2）

111. 赵磊，刘文革．制度变迁理论与经济转轨．中国青年政治学院学报，2002（5）

112. 孙芳城，杨兴龙．会计模式的选择与变迁——路径的研究．财会通讯，2007（1）

113. 林森．会计信息供求的经济学分析．价值工程，2005（4）

114. 许永兵，崔华刚．制度与经济增长．河北经贸大学学报，2002（6）

115. 陈晓敏，胡玉明等．中航油事件：市场失败还是制度失败．财会通讯，2006（6）

116. 刘玉泉．对我国会计准则的制度供求分析．税务与经济，2003（1）

117. 任辉．论衍生金融工具发展与会计制度变迁．经济研究导刊，2006（5）

118. 李祥．衍生金融工具会计论．山东农业大学博士学位论文，2004

119. 世界银行．2005年全球金融发展：动员资金、降低脆弱性．国际金融研究，2006（4）

120. 国务院．国务院关于推进资本市场改革开放和稳定发展的若干意见，2004

121. 陈建青等．创新、经济增长与制度变迁的互依性．南开经济研究，2004（4）

122. 胡汝银．中国资本市场的变革之路．上海金融，2007（1）

123. 段银弟．中国金融制度变迁的均衡分析．武汉金融，2003（5）

124. 段颖立，刘文革．中国的经济发展与制度变迁论纲．北京行政学院学报，2002（6）

125. ［美］V. 奥斯特罗姆，D. 菲尼等．国际经济增长中心．王诚译．北京：商务印书馆，1992

126. 赵德武．会计学．成都：西南财经大学出版社，2004

127. 郑磊．金融工具会计．北京：清华大学出版社，2004

128. 企业会计准则研究组．金融工具和财务报表分册．大连：东北财经大学出版社，2006

129. 李洪桡．中国证券市场金融工具配置．武汉：武汉大学出版社，2003

130. 纂好东．中国会计制度变迁：特征及解释．当代财经，2000（8）

131. 庄子银，邹薇．中国经济改革：一场深刻的制度变迁过程．经济学家，1995（6）

132. 邹薇，庄子银．制度变迁理论评述．国外社会科学，1995（7）

133. 范福春．大力发展资本市场 为建设创新型国家战略服务．证券市场导报，2007（8）

134. 张帏．我国会计制度变迁的经济学分析与思考．生产力研究，2005（8）

135. 康虎彪，贺旭玲．我国会计制度变迁的理论动因探析．煤炭经济研究，2005（11）

136. 中国财政部网站：http：//www. mof. gov. cn

137. 中国银监会网站：http：//www. cbrc. gov. cn

138. 国家统计局网站：http：//www. stats. gov. cn

139. 中国证监会网站：http：//www. csrc. gov. cn

140. 中国商务部网站：http：//www. mofcom. gov. cn

141. 刘丹萍．对我国证券创新产品的监管研究．上海证券交易所课题研究报告，2007

142. 中国经济增长与宏观稳定课题组．全球失衡、金融危机

与中国经济的复苏．经济研究，2009（5）

143. Barry，C. B. and S. J. Brown. Differential of Information and Cecurity Market Equilibrium. *Journal of Financial and Quantitative Analysis*，1985（20）.

144. Fama E. F. Efficient Capital Market：A Review of Theory and empirical work. *Journal of Finance*，1970（1）.

145. Robert M，Bushman and Abbie J. Smith. Transparency，Accounting Information and Corporate Governance. *Economic Policy Review*，2003（4）.

146. Murrell，Peter. Evolutionary and Radical Approaches to Economic Reform. *Economics and Planning*，1992（25）.

147. Sachs Jeffrey D. and Wing Theye Woo. Understanding China's Economics Performance. *Mimeo*，1993（1）.

148. Arrow，K. J. The Economics of Agency. in J. Prtt and R. Zeckhauser，Principals and Agent's. *The Structure of Business*. Boston：Harvard Business School Press，1985.

149. Baumol. W. J. *Business Behavior Value and Growth*. New York：Macmillan，1959.

150. Coase，R. H. Contribution to "The Fire of Truth". *Journal of Law and Econamics*，1983（26）.

151. Coase，R. H. *The Firm，the Market and the Law*. Chicago：The University of Chicago Press，1988.

152. Coase，R. H. The New Institutional Economics. *American Economic Review*，1998（88）.

153. Williamson，O. E. *The Economics Institutions of Capitalism*. New York：The Free Press，1985.

154. Williamson，O. E. The Economics of Governance：Framework. *Journal of Institutional and Theoretical Economics*，1984（140）.

155. Chandler，A. *Strategy and Structure：Chapter in the History of the Industrial Enterprise*. Beston：Harvard Vniversity Press，1962.

156. De Alessi. Property Rights, Transaction Costs and X-Efficiency. An Essay in Economic Theory. *American Economic Review*, 1983 (73).

157. Demsetz. H. D. Information and Efficiency: Another Viewpoint. *Journal of Law and Econamics*, 1969 (12).

158. Dahlman, Carl J. The Problem of Externality. *Journal of Law and Economics*, 1979 (22).

159. Fama and M. C. Jensen. Separation of Ownership and Control. *Journal of Law and Economics*, 1983 (26).

160. Grossman and O. Hart. The Costs and Benefits of Ownership: A Theory of Vertical and Integration. *Journal of Political Economy*, 1986 (94).

161. North, D. C. Institutional Change and Economic History. *Journal of Institutional and Theoretical Economics*, 1989 (145).

162. North, D. C. *Structure and Changes in Economic History*. New York: W. W. Wonton and Co, 1981.

163. Ruttan, Vernon W. and Hayami, Yujiro. A Theory of Induced Institutional Innovation. *Journal of Development Studies*, 1984 (20).

164. Arther, Levitt. The Number Game, Speech at New York University. *Center for Law and Business*, 1998 (9).

165. Arther, Levitt. The Importance of High Quality Standard. *Accounting Horizons*, 1998 (3).

后 记

本研究成果的选题源自笔者读博士时的导师赵德武教授的文献《资本市场财务管理与会计研究》，在系统修读该文献的过程中，笔者为导师超前的理论思维所深深打动。导师在文献中写道："经济改革的深入发展导致了会计研究两个最重要的环境变迁：一是经济改革的深入将中国会计与审计准则的建设提到了议事日程；二是资本市场的发展引起了一系列我们过去陌生的会计新问题。会计研究环境的变迁使中国会计研究进入了一个尝试性地从传统研究范式向新的研究范式转变的新时期，会计研究的成果更明显、更直接地指导着中国会计与审计实务的发展……我们开始跳出'会计的圈子'，运用经济学、社会学、伦理学等多种学科的理论和分析方法来阐释会计问题，或者根据经验、环境条件来建立描述性的或规范性的会计理论，不仅使我们在相对'成熟'的会计领域发现了更多的有价值的东西，而且将我们的研究视野引向远方……"导师以敏锐的洞察力发现了这个在会计研究极其重要而又很容易被忽视的领域。加上笔者求学阶段时逢中国经济全球化发展阶段，不少学者在中国经济全球化背景下，通过运用相应的经济理论进行相关领域的研究。这一切都深深地吸引着笔者，使笔者产生极大的兴趣，促使笔者更深入地思考，并围绕该命题进行广泛的资料收集。在导师悉心的指导和帮助下，经过一年多的思考、研究、再思考、再研究，期间数易其稿，从切入点的选取、题目的确定到提纲的推敲，从修改到最后的定稿，其中无不倾注了导师极大的心力，导师诲人不倦的师德和严谨求实的学风，是笔者终生学习的榜样！

书稿搁笔之际，虽是一个阶段的结束，也是一个新征程的开始，对本命题的研究，笔者深知还存在许多不完善之处，有待在今后的学术道路上继续进行研究和探索、发展和完善，学海无涯，吾将上下而求索！

王丹舟

2009 年 8 月